ENCUENTROS 2

EDICIÓN 3000 MÉTODO DE ESPAÑOL

Klassenarbeitstrainer / Schulaufgabentrainer

für Schülerinnen und Schüler
mit Lösungen und Lerntipps

LÖSUNGEN

Cornelsen

1 MALLORCA – ANTES Y HOY

KLASSENARBEIT A

COMPRENSIÓN AUDITIVA | HÖRVERSTEHEN

2

Jesús: Yo ayudé a mis padres en el bar en la playa. Me gustó mucho y gané dinero, pero era un trabajo muy agotador. Tuve que trabajar desde las cinco de la tarde hasta la una de la noche. Después me dolían las piernas por correr tanto. Pero me gustó porque conocí a mucha gente interesante de todo el mundo y la mayoría de los turistas eran muy majos. ¡Y además aprendí muchas palabras inglesas y alemanas!
Lourdes: En las vacaciones trabajé en un restaurante. Era mucho trabajo, y cada día lo mismo: poner las mesas, esperar a los turistas, preguntarles qué quieren comer... No era un trabajo fácil y al principio cometí muchos errores porque olvidaba qué comida era para quién. Después de pocos días ya estaba harta, pero bueno, necesitaba el dinero.
Roberto: Trabajé como vendedor en una pequeña tienda en la playa y ¡me lo pasé bomba! Conocí a un montón de gente y fue muy interesante. Sólo al principio era difícil, a veces no entendía muy bien a los turistas y me ponía nervioso cuando había mucha gente esperando. Pero con el tiempo aprendí mucho. No gané mucho dinero pero quiero trabajar allí otra vez el año que viene.
Verónica: Yo trabajé en la oficina de turismo. Soy medio inglesa y por eso me dieron el trabajo. Era el trabajo perfecto para mí y no me aburría nunca. Había muchas cosas diferentes que hacer: Tenía que explicarles a los turistas dónde estaba la playa, el mercado o Correos y qué había que ver en nuestra ciudad. Las otras chicas que trabajaban allí eran simpáticas y nos lo pasamos muy bien. Ya sé que el año que viene voy a trabajar allí otra vez.
Ana María: Yo quiero ser profesora. Para saber si el trabajo me gustaba de verdad, trabajé en uno de estos hoteles grandes donde hay también un programa para los niños. Fue guay, todos los niños de diferentes países y de todas las edades. Claro, a veces ya no quería porque fueron días agotadores, pero el trabajo me gustaba y aprendí mucho. Lo único que no me gustó fue que no me pagaron nada, pero ahora sé que quiero ser profesora.

1 **a** 1. Ana María – 2. Roberto – 3. Lourdes – 4. / – 5. Jesús – 6. Verónica

b 1. (C) – 2. (no está) – 3. (F) – 4. (F) – 5. (C) – 6. (F) – 7. (C) – 8. (F) – 9. (C) – 10. (no está)

VOCABULARIO | WORTSCHATZ

● **2** **a** **Lösungsvorschlag:**
2. la librería: Aquí encuentras muchos libros diferentes.
3. la farmacia: En esta tienda puedes comprar algo para el dolor de cabeza.
4. el estanco: Es una tienda donde puedes comprar tarjetas.
5. el supermercado: En esta tienda grande hay casi de todo: pan, queso, frutas, ropa, revistas y mucho más.
6. la frutería: Aquí hay todo para preparar una ensalada.

○ **b** reírse ≠ llorar – la impaciencia ≠ la paciencia – menos que ≠ más que – feo/-a ≠ guapo/-a – viejo/-a ≠ joven – aquel ≠ este – en aquellos años ≠ hoy en día – el campo ≠ la ciudad – aburrirse ≠ divertirse – funcionar ≠ estar roto/-a

GRAMÁTICA | GRAMMATIK

3 1. **Pasaba** los fines de semana en casa de los abuelos. – 2. **Era** una niña muy divertida. – 3. **Siempre jugaba** con otros niños en la calle. – 4. **Entonces me acostaba** a las ocho de la noche. – 5. **A veces miraba** libros.

– 6. **En aquellos años vivíamos** en un pueblo pequeño. – 7. **Ayudaba** a mi madre. – 8. **A veces íbamos** a la playa por las tardes.

4 Hola Esteban:
Ayer fue un día horrible. **Quería** quedar con unos amigos. Cuando **salí** a la calle, **hacía** sol.
Tuve que correr porque **era** tarde. Sin embargo, cuando **llegué** a la playa ya no **había** nadie.
Estaba triste y **volví** a casa. Cuando **estaba** en el centro de la ciudad, **empezó** a llover.
Me senté en una parada de bus. **Había** mucha gente, pero de repente **vi** a la chica más guapa del mundo.
Quería acercarme a ella para hablarle cuando **llegó** el bus. **Se bajaron** mis amigos y **se pusieron** muy felices de verme. La chica **se acercó** a uno de mis amigos ¡y entonces **vi** que **era** su novia!
Un saludo, Jorge

5 1. son más tranquilas – 2. no es tan agotador como – 3. es más tranquila – 4. no es tan interesante como – 5. es tan caro como – 6. no es tan divertido como

6 Mallorca es uno de los lugares turísticos más famosos de España y por eso hoy en día hay **tantas** discotecas, **tantos** bares y **tantos** restaurantes en la isla. ¡Hay **tanta** marcha! También hay **tantas** cosas que ver pero muchos turistas pasan **tanto** tiempo en la playa que no conocen bien la isla. Como **tantas** personas comen **tanta** comida, compran **tanta** ropa y gastan **tanto** dinero para pasárselo bien siempre hay **tanta** gente que encuentra trabajo en la isla – y además vienen **tantas** personas del extranjero para trabajar en Mallorca. A muchos de ellos el verano mallorquín les gusta tanto que vienen cada año.

MEDIACIÓN | SPRACHMITTLUNG

7 Erwartungshorizont:
Hier steht, dass der Park seit 1988 ein geschützter Naturpark ist und 16 km² groß ist. Der Küstenstreifen ist 1,65 km lang. Es gibt 400 unterschiedliche Pflanzenarten, 271 Vogelarten und 29 Fischarten. Der Park ist jeden Tag und heute von 9 bis 18 Uhr geöffnet. Es gibt verschiedene Regeln, an die man sich halten muss: Man darf keine Tiere füttern, keine Pflanzen pflücken/mitnehmen und kein Feuer machen. Natürlich darf man keinen Müll wegwerfen und außerdem soll man sich ruhig verhalten und nicht telefonieren. Das Picknicken im Park ist auch verboten, aber es gibt ein Restaurant, in dem man etwas essen kann.

EXPRESIÓN ESCRITA | TEXTPRODUKTION

○ **8** Erwartungshorizont:
● Hola, Miguel:
¡Saludos de Grecia! Estoy aquí con un grupo de jóvenes de mi ciudad. Los chicos y chicas son muy simpáticos y nos lo pasamos fenomenal. Hoy es el último día, ya nos tenemos que ir mañana. Fue muy guay, fuimos casi todos los días a la playa. Dos veces fuimos a ver monumentos y también paseamos por el centro de la ciudad para ir de compras. Por la noche siempre jugábamos algo y comíamos comida típica.
También conocí a mucha gente de toda Europa que también pasaba sus vacaciones aquí.
El tiempo era siempre muy bueno, cada día hacía sol y mucho calor, era como en España.
El viaje me gustó mucho, sobre todo por el tiempo que pasamos en la playa. Te llamo pronto.
Un saludo,
XXX

KLASSENARBEIT B

COMPRENSIÓN LECTORA | LESEVERSTEHEN

1 a

tema	línea	tema	línea
los hoteles	5–9	el deporte	17
el agua	9–10	los cafés	20
los turistas en la playa/costa	17–18	la cultura	20
el senderismo	17	los pequeños hoteles	19

b 1. (+) – 2. (+) – 3. (+) – 4. (+) – 5. (–) – 6. (–) – 7. (–) – 8. (+)

2 1. a, b – 2. c – 3. b – 4. a, b – 5. a, b – 6. b, c

VOCABULARIO | WORTSCHATZ

3 **3** En el año **1842**, Mallorca tenía solo 173.987 habitantes. Hoy en día tiene **873.414** habitantes y de ellos **405.318** viven en Palma. A muchas personas, Mallorca les gusta tanto que quieren pasar su vida allí y no solo las vacaciones. Por eso, **129.403** habitantes son extranjeros. **21.953** de ellos son alemanes y **12.281** ingleses. El turismo es muy importante para Mallorca y cada año vienen más turistas: en el año **1960**, la isla recibió 360.000 turistas, en el año **1970** ya eran más de dos millones. En el año **2007**, 9,9 millones de turistas visitaron Mallorca, **3,5** millones de ellos eran alemanes. Los turistas vienen todo el año y no solo en verano. En diciembre y enero, por ejemplo, dos meses muy fríos en Alemania, hace entre **5** y **16** grados, y hay **6** horas de sol.

GRAMÁTICA | GRAMMATIK

4 Entonces toda la gente iba en tren.
En los años cincuenta había solo una frutería y un estanco.
En la época de Franco estaba prohibido hablar catalán.
Siempre teníamos miedo.
Me acuerdo de que antes teníamos que ayudar mucho a nuestros padres y abuelos.
Entonces los niños siempre estaban afuera.
No había televisión.
Antes casi no había turistas.

5 1. esta; esta, esa, aquella – 2. estos, esas – 3. este; ese, aquel – 4. Este, ese, aquella

6 Pasé – había – Ayudaba – Trabajaba – iba – conocía – era – eran – tenía – fui – salí – llevaron – fuimos – gustó – pasé – Fue

7 2. El lugar de vacaciones que más me gusta… / El lugar de vacaciones más bonito…
3. El deporte que menos me gusta… / El deporte menos divertido…
4. La tienda de ropa que más me gusta… / La tienda de ropa más guay…
5. La asignatura que menos me gusta… / La asignatura menos interesante…
6. La ciudad que menos me gusta… / La ciudad menos interesante…
7. La telenovela que más me gusta… / La telenovela más graciosa…

MEDIACIÓN | SPRACHMITTLUNG

8 **Erwartungshorizont:**

Angestellte: Buenos días. ¿En qué les puedo ayudar?
Dein Vater: Wir würden gerne ...
Du: Buenos días, queremos ir a la montaña. ¿Dónde se puede hacer senderismo? 2 Pkt.
Angestellte: Si les gusta hacer senderismo...
Du: Wenn wir bergwandern wollen, müssen wir in das Tramontana Gebirge im Nordwesten der Insel fahren, da gibt es zwei sehr hohe Gipfel: den Puig Major und den Puig de Massanella. 3 Pkt.
Dein Vater: Das hört sich ...
Du: ¿Hay otras cosas que podemos hacer aquí en la isla? 1 Pkt.
Angestellte: Hay un parque natural, se llama...
Du: Es gibt noch einen Naturpark, der ist im Norden. Das ist ein Schutzgebiet, in dem mehr als 200 Vogelarten leben. 4 Pkt.
Dein Vater: Nein, Vögel ...
Du: Los pájaros no nos interesan tanto. ¿Qué más podemos hacer? 2 Pkt.
Angestellte: En el este de la isla...
Du: Im Osten der Insel gibt es verschiedene Höhlen. 1 Pkt.
Dein Vater: Das ist gut ...
Du: Las cuevas nos gustan. ¿Nos puede explicar cómo podemos ir allí? 2 Pkt.

EXPRESIÓN ESCRITA | TEXTPRODUKTION

9 **Erwartungshorizont:**

Adrián: Buenas tardes, Doña Ines.
Doña Inés: Hola, Adrián. ¿Cómo estás? ¿Qué tal el día con tu abuelo?
Adrián: Bien. El abuelo me contó mucho sobre su vida y los años cincuenta.
Doña Inés: Sí, me acuerdo de aquel tiempo. La vida era muy diferente... Pasábamos mucho más tiempo afuera, pero también teníamos que ayudar mucho a nuestros padres. Yo, por ejemplo, tenía que preparar la comida para toda la familia. Pero era una vida tranquila y me gustaba más que la de hoy.
Adrián: Pero el abuelo me contó que antes la vida era más difícil que hoy.
Doña Inés: Eso sí, pero hoy la gente ya no tiene tiempo para nada. Todos tienen un coche, antes había solo un tren entre Sóller y Palma. Era un viaje muy lento pero divertido.
Adrián: ¿Y cómo pasábais las noches en casa sin la tele o el ordenador?
Doña Inés: Por la noche teníamos que hacer las tareas de casa. Después, leíamos un libro o jugábamos algo. Pasábamos más tiempo con la familia y los amigos que vivían aquí porque todavía no había *chats*. También teníamos que organizarnos mucho mejor porque no había móviles.
Adrián: Vaya, no me puedo imaginar una vida sin mi móvil. Creo que es mucho más fácil y más divertido vivir hoy en día.

2 ENTRE JÓVENES

KLASSENARBEIT A

COMPRENSIÓN AUDITIVA | HÖRVERSTEHEN

4

Reportero: Hola, hacemos una encuesta para la radio sobre proyectos sociales. Queremos saber si vosotras participáis en algún proyecto.

Rosario: Hola, soy Rosario. Pues, yo participo en un proyecto, ayudo a personas mayores. Los visito, damos un paseo juntos, tomamos un café, les leo un libro y a veces hago la compra para ellos.

Reportero: ¿Cuándo haces esa actividad? ¿Y nos puedes explicar por qué lo haces?

Rosario: Voy allí una tarde por semana y lo hago porque veo que hace muy feliz a la gente. A mí me parece importante que seamos solidarios y que no pensemos solo en nosotros.

Reportero: A ver, ¿y tú? ¿Cómo te llamas? ¿También participas en algún proyecto?

Alba: Soy Alba. Sí, mi familia y yo cada mes mandamos dinero a un proyecto en la India.
Allí muchos niños no tienen para comer, están enfermos y no pueden ir al colegio. Para darles un futuro mejor es importante que haya personas que los ayuden. Y es muy importante que los niños puedan estudiar. Pienso que nosotros que vivimos en países europeos tenemos que ayudar a los que viven en países más pobres.

Reportero: Muchas gracias a vosotras. Esto también me parece muy interesante. Vamos a preguntar a otros jóvenes.
Hola, hacemos una encuesta para la radio sobre proyectos sociales y queremos saber si vosotros participáis en algún proyecto. ¿Como os llamáis?

Daniel: Hola, me llamo Daniel. Yo sí pienso que es importante ayudar. Un amigo mío participa en un proyecto que ayuda a las personas sin hogar. Lo que pasa es que con el instituto y los deberes y todo ya tengo tantas cosas que hacer que no me da tiempo para participar en proyectos sociales. Pero a lo mejor un día tengo más tiempo. ¿Y tú, Diego?

Diego: De momento tampoco ayudo. Pero el año que viene voy a Perú para trabajar en un comedor para niños. Está claro que no puedo cambiar el mundo pero es mi granito de arena. Además, estoy seguro de que para mí va a ser muy interesante.

1 **a** a) Son niños de la India. – b) Veo gente y comida. – c) Son niños en la escuela. – d) Veo a una persona sin hogar. – e) Son dos perros. – f) Hay una chica con un señor mayor.

b 1f – 2a – 3d – 4b

2

1. **Rosario:** Soy solidaria porque… hace feliz a la gente. / es importante que no pensemos solo en nosotros.
2. **Alba:** Mandamos dinero a un proyecto porque… es importante que los niños puedan estudiar. / tenemos que ayudar a los que viven en países más pobres.
3. **Daniel:** No ayudo porque… no tengo tiempo.
4. **Diego:** Voy a Perú para… trabajar en un comedor para niños. / pasar un tiempo interesante en otro país.

VOCABULARIO | WORTSCHATZ

3 1. pone – 2. se pone – 3. te pongas – 4. pone – 5. ponerse. – 6. se pone

GRAMÁTICA | GRAMMATIK

4 **a**

¡Pon atención en clase!	¡No pongas atención en clase!
¡Contesta las preguntas del profe!	¡No contestes las preguntas del profe!
¡Haz tus deberes!	¡No hagas tus deberes!
¡Estudia en casa!	¡No estudies en casa!
¡Lee un libro!	¡No leas un libro!

b 1. ¡No hagas una fiesta! – 2. ¡No vuelvas a casa después de las diez de la noche! – 3. ¡No juegues al ordenador más de dos horas al día! – 4. ¡No veas mucho la tele! – 5. ¡No hables por teléfono todo el día! – 6. ¡No comas solo pizza! – 7. ¡No pierdas las llaves de casa! – 8. ¡Haz los deberes! – 9. ¡Estudia para el examen de inglés! – 10. ¡Visita a la abuela!

5 Querida Núria:
¿Cómo estás? De momento no estoy muy bien, ¡tengo tantas cosas que hacer que no sé por dónde empezar! Ya te puedes imaginar de qué hablo: del colegio. Es seguro que estudiar **es** muy importante para la vida, pero ahora es demasiado. Mi profe de historia quiere que **terminemos** el proyecto lo más pronto posible, pero el profe de inglés prefiere que primero **estudiemos** para el examen. Claro, ¡porque él cree que su asignatura **es** más importante! Mis padres también piensan que **tengo** que estudiar cada día para que **saque** buenas notas. Es demasiado.
Espero que todo el trabajo **termine** pronto porque no pienso que lo **pueda** aguantar mucho más. Lo único que me gusta es que pronto **empiecen** las vacaciones de verano…
Espero que **estés** bien y que no **tengas** tanto trabajo.
Un abrazo y saludos a tu familia. ¡Hasta pronto!
Maite

6 1. tuyo; mío, suyo – 2. mía; vuestra; nuestra – 3. mía, tuya – 4. míos

MEDIACIÓN | SPRACHMITTLUNG

7 Erwartungshorizont:

1. Todas las clases y actividades son gratis. 1 Pkt.
2. Sí. En el centro juvenil hay ordenadores con Internet. Los puedes usar gratis. 1 Pkt.
3. Puedes jugar a baloncesto, fútbol, ping-pong o voleibol. Los entrenamientos de baloncesto empiezan el martes a las cuatro o el jueves a las seis de la tarde. El martes también puedes jugar al fútbol a las seis o a las siete de la tarde. Los entrenamientos de voleibol empiezan el sábado a las tres o a las cuatro de la tarde. El miércoles hay clases de ping-pong. Los principantes se encuentran a las seis de la tarde. 8 Pkt.
4. Sí, todos pueden venir al centro. Solo hay que apuntarse para los cursos. Lo puedes hacer por Internet o en el centro. 2 Pkt.

EXPRESIÓN ESCRITA | TEXTPRODUKTION

8 Erwartungshorizont:
Hoy en día hay tanta injusticia social que es necesario que seamos solidarios. Me gusta que haya gente que ayude sin pedir dinero porque no creo que sea posible pagar a todos los colaboradores.
A mí me importa ser solidario/-a porque pienso que las personas son más importantes que las notas o el dinero. Prefiero ver una cara feliz que ganar dinero con este trabajo. Además me parece importante que participemos nosotros los jóvenes en los proyectos porque normalmente tenemos mucho tiempo libre. En un par de años ya no vamos a tener tanto tiempo. Pero ahora sí y con pocas horas podemos hacer feliz a mucha gente si pasamos tiempo con ellos porque a veces se sienten muy solos. Ya sé que no puedo cambiar el mundo pero quiero poner mi granito de arena.

KLASSENARBEIT B

COMPRENSIÓN LECTORA | LESEVERSTEHEN

1 **a** 1. (F) – 2. (no está) – 3. (C) – 4. (C) – 5. (F) – 6. (no está)

b

1 Cada año hay más personas que	b	y	quieren poner su granito de arena.
2 La mayoría de los jóvenes españoles que participa en proyectos sociales	h	x	tiene entre 16 y 18 años.
3 A muchos jóvenes también les interesa	g	u	ayudar en un proyecto social en otro país.
4 Álvaro trabajó en una organización que	c	t	ayuda a las personas sin hogar.
5 Para Álvaro, lo más importante es	a	w	escuchar y ayudar a las personas sin hogar.
6 La organización también los ayuda a	f	v	buscar un trabajo.
7 Los jóvenes son muy solidarios porque también	e	s	pueden aprender algo.
8 Pero saben que no	d	z	pueden cambiar el mundo.

VOCABULARIO | WORTSCHATZ

2

			2 ▼			3 ▼					
	4 ▼ 1 ▶	E	S	P	E	C	I	A	L	E	S
	S		O			O					
	O		C			N					
	L		I			S					
	I	5 ▶	A	C	T	U	A	L			
	D		L			M					
	A		6 ▶	Ú	T	I	L	E	S	7 ▼	
	R					S				L	
8 ▶	I	M	P	O	R	T	A	N	T	E	
	A					A				J	
	9 ▶	N	E	C	E	S	A	R	I	O	
										S	

GRAMÁTICA | GRAMMATIK

3 **Normalmente** Eva tiene que levantarse a las siete y salir corriendo para llegar al instituto a tiempo. Pero hoy es domingo. Ha dormido **bien** y se levanta a las diez. Puede ducharse y desayunar **tranquilamente** con su familia antes de pensar en lo que puede hacer en este día. **Actualmente** tiene que estudiar mucho y todavía tiene que hacer los deberes, pero le quedan **solamente** muy pocos y decide hacerlos más tarde. Entonces puede hacer **prácticamente** todo. Llama a Paula y deciden ir de compras, al cine y encontrarse con sus amigos.

Cuando vuelve a casa por la noche mira la tele con sus hermanos y se acuesta a las once. ¡Qué día más bonito! Pero duerme muy **mal** y a las tres de la noche se despierta: ¡Se olvidó de los deberes!

4 **a** 1. llame – 2. saque – 3. tenga – 4. sienta – 5. pueda – 6. olvide

b **Lösungsvorschlag:**
Espero que la gente sea simpática.
No quiero que pase algo.
Tengo miedo de que mi móvil no funcione en Bolivia.
Espero que mi novio me eche de menos.
No creo que mis padres me llamen todos los días.
Espero que me vengas a visitar.

5 **a** 1. lo que – 2. que – 3. Lo que – 4. que – 5. que – 6. lo que

b **Lösungsvorschlag:**
Lo que más me gusta es ir de vacaciones.
Lo que no me gusta son las malas notas.
Lo que me preocupa es el futuro.
Lo que me encanta es pasar tiempo con mis amigos.
Lo que me parece interesante es el trabajo en un proyecto solidario.
Lo que más me importa es mi familia.

MEDIACIÓN | SPRACHMITTLUNG

6 **Erwartungshorizont:**
El proyecto se llama «Navidad en una caja de zapatos» y forma parte de un proyecto internacional. Las personas que quieren ayudar a los niños que viven en países muy pobres meten regalos en una caja de zapatos. Luego la organización manda las cajas de Alemania a países en el este de Europa. Así estos niños también reciben regalos para Navidad. El año pasado 490.868 personas de Alemania participaron en el proyecto. También en España hay personas que ayudan.
Puedes poner cosas que los niños necesitan de verdad, por ejemplo cuadernos y bolígrafos para el colegio, ropa pero también dulces. Tienes tiempo para preparar la caja hasta el quince de noviembre.

EXPRESIÓN ESCRITA | TEXTPRODUKTION

7 **Erwartungshorizont:**
Hola, Ricardo:
No me parece una buena idea que todos los estudiantes tengan que trabajar en un proyecto solidario para terminar los estudios. Pienso que 250 horas es mucho tiempo porque todos tienen que estudiar además para las clases. Nosotros también tenemos que trabajar por unos meses para terminar la universidad, se llama «Praktikum». Pero normalmente no tiene que ser en un proyecto solidario. Además, en Alemania muchos estudiantes ya no viven en casa de sus padres y muchas veces tienen un trabajo para ganar un poco de dinero.
Sin embargo, es interesante porque yo sí pienso que es importante que cada joven trabaje una vez en un proyecto solidario. Nosotros podemos hacerlo después del colegio, se llama «Bundesfreiwilligendienst».
Creo que todos sabemos que es importante ayudar pero también es importante que podamos decidir cómo, dónde y cuándo.

3 ¡SIENTE MÉXICO!

KLASSENARBEIT A

COMPRENSIÓN AUDITIVA | HÖRVERSTEHEN

5 Cuando empecé mi paseo era sábado por la tarde y – como casi siempre en verano – hacía muchísimo calor. El Zócalo, esa plaza tan famosa, estaba llena de gente: había algunas personas que simplemente paseaban y otras que vendían comida, artesanía y ropa hecha a mano. Claro, también había muchos turistas que hacían fotos o compraban cosas en algunos de los muchísimos puestos. Encontré una cafetería tranquila desde donde podía observar una parte del mercado y en donde al final me senté.
En la carta del restaurante leí los nombres de platos que no conocía así que decidí pedir consejo a un chico que estaba a mi lado. Me dijo: «Pide pollo con salsa de chocolate. Aquí está riquísimo y no pica mucho.» Pedí el pollo y hablé con el chico. Se llamaba Fernando como yo y estaba en la ciudad para visitar a sus abuelos. A Fernando, la capital no le gustaba mucho. Me dijo: «Mañana vuelvo a Veracruz, la ciudad que más me gusta. Allí hay menos coches que aquí, menos gente y claro – el mar – que echo de menos. No me puedo imaginar una vida sin el mar – ¡o sin el béisbol! Si tienes tiempo tienes que ir a ver un partido de béisbol en el Estadio Monterrey, el estadio más grande de todo México.»
Después de pagar la cuenta seguí mi paseo por el Zócalo. Cuando estaba observando a la gente, se me acercó una chica de unos 14 años. Iba con ropa típica mexicana. Me habló sobre su vida, me mostró figuras de muchos colores, entre ellas algunos perros y una gallina. Este animal fue el que más me gustó y me lo compré.
Poco después de mi encuentro con esta chica tan simpática escuché música al otro lado de la plaza. Me acerqué y de repente vi a un grupo de mariachis. Tocaban canciones típicas mexicanas. Algunas personas estaban bailando por la plaza y otras cantaban junto con el grupo de mariachis. ¡Qué divertido!
Con todas estas impresiones decidí volver a mi hotel para descansar un poco antes de volver a la calle otra vez para comer otro de los muchos platos mexicanos.

1 **a**
1. El Zócalo estaba lleno de gente.
2. Fernando se sentó en una cafetería.
3. Habló con un chico sobre Veracruz.
4. Encontró a una chica que vendía artesanías.
5. Compró una figura.
6. Un grupo de personas se puso a bailar en la plaza.

b 1. (F) – 2. (F) – 3. (C) – 4. (F) – 5. (F) – 6. (C) – 7. (F) – 8. (F)

Korrekturen:
1. Era un sábado por la **tarde**.
2. Había turistas que **hacían fotos**.
4. El chico del restaurante se llamaba **Fernando**.
5. El chico echaba de menos **al mar**.
7. La chica vendía **artesanías/figuras**.
8. Los mariachis tocaban canciones **típicas mexicanas**.

VOCABULARIO | WORTSCHATZ

2 1. para, para – 2. por, para – 3. por – 4. para, por – 5. para – 6. para, por

3 **a** 1a: platicar de – 2d: dar un paseo por – 3e: interesarse por – 4b: acostumbrarse a – 5g: pelearse por – 6c: saber mucho de – 7f: tener que ver con

b **Lösungsvorschlag:**
Las chicas platicaron de los chicos.
Ayer nos dimos un paso por el centro de la ciudad.
Mis abuelos siempre se interesaban mucho por la historia mexicana.
Me acostumbré a la comida mexicana.
Antes mis hermanos siempre se pelaban por los juguetes.
Aixa sabe mucho de plantas.
Su español no tenía nada que ver con el español que hablan en España.

GRAMMATIK | GRAMÁTICA

4 buenísima – facilísimo – llenísimos – simpatiquísima – riquísimos – muchísimo

5 Si tenéis tiempo, tenéis que visitar Teotihuacán.
Si te interesas por la música, tienes que escuchar la música de los mariachis.
Si os interesáis por la historia, ¡visitad las ruinas mayas!
Si hace buen tiempo, podéis ir a una de las playas bonitas de Oaxaca.
Si necesitas más información, llámame.
Si te queda dinero, puedes comprar algo en el mercado de artesanía.

6 1. ¡Ojalá haga buen tiempo! – 2. ¡Ojalá me guste la comida alemana! – 3. ¡Ojalá conozca a mucha gente alemana! – 4. ¡Ojalá me acostumbre a la comida alemana! – 5. ¡Ojalá me dé tiempo a visitar muchos monumentos! – 6. ¡Ojalá no eche de menos a mis amigos en México!

○ **7** **a** 1a – 2b – 3a – 4b – 5a – 6a

● **b** 1. se la – 2. te lo – 3. te los – 4. os la – 5. se las – 6. me los

8 1. ninguna – 2. alguna – 3. alguna, algunas – 4. ningún – 5. algunos – 6. algún

MEDIACIÓN | SPRACHMITTLUNG

○ ● **9** **Diandro**: ... ¿De verdad? ¿El colegio en Alemania empieza a las 7:45? ¡Qué temprano! Pues me imagino que os tenéis que levantar muy temprano.
Tú: **Er kann kaum glauben, dass die Schule bei uns bereits um 7:45 Uhr beginnt und meint, dass wir bestimmt recht früh aufstehen müssten.**
Tu amiga: Das stimmt. Meine Mutter weckt mich schon um sechs Uhr. Aber die Schule hört manchmal auch schon um 13 Uhr auf.
Tú: **Dice que es verdad. Su madre la despierta a las seis. Pero la escuela a veces ya termina a la una.**
Diandro: Eso sí es muy temprano. Y, ¿cuánto tiempo tardáis para ir al instituto?
Tú: **Er will wissen wie lange wir in die Schule brauchen.**
Tu amiga: Ich brauche nicht lange. Da ich viel mit einem Freund quatsche, kommt uns der Schulweg auch nicht so lang vor.
Tú: **Ella no tarda mucho. Como platica/charla con su amigo el camino no se le hace tan largo.**
Diandro: Claro. Y, ¿cómo vais al instituto?
Tú: **Er möchte noch wissen, wie wir in die Schule kommen.**
Tu amiga: Da es keinen Bus gibt gehe ich zu Fuß oder fahre mit dem Rad.
Tú: **Como no hay bus a veces va a pie y a veces en bici.**

EXPRESIÓN ESCRITA | TEXTPRODUKTION

10 Erwartungshorizont:

Mi viaje a México

En las vacaciones de verano pasé tres semanas en México. Fue un viaje superinteresante.

En este artículo quiero describir lo que más me gustó y contar algo sobre el país, la comida, las culturas indígenas, el paisaje, ...

Primero la comida. Hay muchísimos platos muy ricos. Siempre te llega el olor a comida caliente de los puestos que hay en la calle. Venden tortillas, tacos, tamales, ...

Una noche comimos pollo con mole poblano. Es una salsa de chocolate que pica mucho porque tiene chile. Primero me puse rojo y me quemó la lengua, pero después me acostumbré y me encantó.

El paisaje del páis es impresionante. Parece que hay de todo: el mar con playas superlindas y perfectas para hacer el surf, la selva, unas montañas muy altas como el Popocatépetl, el pico más alto de todo México, y claro también unas ciudades muy impresionantes.

México D.F., la capital, es una ciudad gigante y pasé mucho tiempo en el micro para ir de un lugar a otro. El micro es un pequeño autobús que no tiene paradas. Si quieres bajar tienes que avisar al chófer. Y como ponen la música muy alta ¡tienes que gritar para avisarle!

Lo que me encantó de mi viaje a México fueron las culturas indígenas. Visité el famoso Teotihuacán con la Pirámide del Sol y también Chichén-Itzá.

En una región de México esuchamos todos los días el tzotzil. Es una lengua maya que no tiene nada que ver con el español.

Si algún día decidís visitar México, me podéis contactar para más información.

KLASSENARBEIT B

COMPRENSIÓN LECTORA | LESEVERSTEHEN

1 a

Clara					X	X		
Julia	X			X	X	X		
Marta		X						
Grizel								X
nadie			X				X	

b 1. (F) – 2. (C) – 3. (F) – 4. (no está) – 5. (C) – 6. (C) – 7. (no está) – 8. (no está)

VOCABULARIO | VOKABULAR

○ **2** a 2. el plato / la comida – 3. el senderismo / el paisaje – 4. el origen / la familia – 5. el chófer / el animal – 6. el español / la lengua indígena

● b Lösungsvorschlag

1. Es una palabra para describir que algo es muy grande. – 2. Es una palabra para describir que algo de comer te gusta mucho. – 3. Es un mensaje que escribo con el ordenador. – 4. Es una cosa con la que juegan los niños. – 5. Las hay en el río o en el mar.

GRAMÁTICA | GRAMMATIK

3 1. es – 2. está – 3. eres – 4. están – 5. eres – 6. son

4 1. Me gustaría ir al cine. – 2. ¿Me podrías dar el libro? – 3. ¿Podrías ayudarme con los deberes? – 4. ¿Te gustaría ir al centro conmigo? – 5. Me gustaría comer un bocadillo. – 6. Podríamos ir a la bolera. – 7. Podríamos dar un paseo por el parque. – 8. ¿Te gustaría probar el mole poblano?

MEDIACIÓN | SPRACHMITTLUNG

5
1. Julian y Lukas son los autores del blog. Viajaron por México. 2 Pkt.
2. Visitaron el Zócalo, el Estadio Azteca, el Museo Frida Kahlo y fueron al mercado de artesanías in Coyoacán. 4 Pkt.
3. Viajaron en autobús. 1 Pkt.
4. Escriben que las ruinas son impresionantes y que la Pirámide del Sol es gigante. Tuvieron un guía muy bueno que les explicó muchísimo. 4 Pkt.
5. No te puedes perder el Museo Frida Kahlo y el mercado de artesanías de Coyoacán. Tienes que visitar las ruinas de Teotihuacán. 3 Pkt.

EXPRESIÓN ESCRITA | TEXTPRODUKTION

○ **6** **a** Todos los días me despierto a las seis de la mañana. ¡Qué temprano! Después de levantarme preparo el desayuno para toda la familia, es decir mi madre, mi abuela y mis dos hermanos menores. Para desayunar casi siempre tenemos quesadillas o frijoles y algunas frutas.
A las siete y media me toca llevar a mis dos hermanos a la escuela. Luego voy al colegio con mi mejor amiga. Platicamos mucho y así el camino no se nos hace tan largo.
Por la tarde voy al mercado, al puesto de mi madre y mi abuela donde comemos nuestras tortillas.
A las cinco de la tarde vuelvo a casa para hacer las tareas. Más tarde ayudo a mi abuela con los animales.
Después de la cena normalmente llama mi papá desde los Estados Unidos donde trabaja en una fábrica. Le cuento sobre mi día y mis sueños.
A las once de la noche me voy a la cama.

● **b** Ayer me desperté a las seis de la mañana. ¡Qué temprano! Después de levantarme preparé el desayuno para toda la familia, es decir mi madre, mi abuela y mis dos hermanos menores. Para desayunar casi siempre tenemos quesadillas o frijoles y algunas frutas.
A las siete y media me tocó llevar a mis dos hermanos a la escuela. Luego fui al colegio con mi mejor amiga. Platicamos mucho y así el camino no se nos hizo largo.
Después de la clase fui al mercado, al puesto de mi madre y mi abuela donde comimos nuestras tortillas.
A las cinco de la tarde volví a casa e hice las tareas. Más tarde ayudé a mi abuela con los animales.
Después de la cena llamó mi papá desde los Estados Unidos donde trabaja en una fábrica. Le conté sobre mi día y mis sueños.
A las once de la noche me fui a la cama.

MÜNDLICHE PRÜFUNG 1

Auf diesen Seiten findest du einige Vorschläge, wie du die Fragen beantworten könntest.
Achtung: Es müssen nicht alle Punkte genannt werden! Du solltest 2–3 Minuten sprechen.

MONÓLOGO | MONOLOG

1 A El dibujo:
- es un dibujo de un mercado de artesanías
- a la izquierda podemos ver un chico que lleva ropa tradicional
- está vendiendo artesanías en el mercado
- el chico parece ser bastante feliz
- atrás hay otros puestos, por ejemplo un puesto de comida, un puesto de plantas, un puesto de juguetes
- al fondo podemos ver una parada de un autobús/micro, un grupo de músicos y un amigo del chico

Un día en la vida del chico:
- se despierta muy temprano
- va a la escuela a pie y tarda unos 40 minutos
- después de las clases y los fines de semana va al mercado donde vende artesanías
- por la tarde hace la tarea y ayuda a sus abuelos con los animales
- a las nueve pone la mesa para la cena

Lo que le importa:
- tener buenos amigos
- tener buenas notas en la escuela
- llevarse bien con sus padres
- poder estudiar en la universidad algún día
- las culturas indígenas

Lo que más le gusta:
- platicar con sus amigos
- estar en el mercado con sus amigos, los turistas y su familia
- comer las quesadillas de su madre
- escuchar música de su banda favorita

Lo que no le gusta:
- levantarse temprano
- ayudar a sus abuelos con los animales
- poner la mesa cada noche
- hacer los deberes
- llevar a sus hermanos a la escuela
- ir a la escuela a pie

B El dibujo:
- es un dibujo de una tienda donde venden tabletas PC, ordenadores, mp3, televisiones, etc.
- en el centro están dos chicos
- llevan muchas bolsas de compras y ropa moderna
- están comprando / se están interesando por un nuevo móvil
- a la derecha podemos ver un vendedor
- al fondo podemos ver televisiones, ordenadores, etc.
- hay gente gritando

Comparación:

dibujo 1	dibujo 2
– una vida más tradicional – vive en un pueblo – va al colegio a pie – lleva ropa tradicional – va a casa de sus amigos para verlos	– una vida más moderna – viven en una ciudad grande – van al colegio en autobús – llevan ropa moderna – hablan con sus amigos por teléfono

La vida más fácil:

dibujo 1	dibujo 2
– no necesita Internet para hablar con sus amigos – sabe mucho sobre las tradiciones – la ropa no tiene mucha importancia en su vida – conoce a toda la gente de su pueblo	– no tienen que ir a pie al colegio – no tienen que vender artesanía en un mercado – van a tiendas grandes para comprar sus cosas – tienen Internet y móvil

DIÁLOGO | DIALOG

2

argumentos a favor	argumentos en contra
– podemos conocer otras culturas, la gente, su vida y sus tradiciones – podemos hacer excursiones – hay monumentos muy famosos – en Yucatán hay monumentos históricos y playas	– es muy aburrido solo ver monumentos – no me intereso por otras culturas – no me intereso por la historia – tengo que descansar – tenemos poco tiempo para verlo todo

6

Hörtext	Lösungsvorschlag
Solo quedan cuatro semanas para las vacaciones. Tenemos que empezar a organizarlas… ¿Qué te parece si vamos a Chacahua en Oaxaca? He leído que las playas son superbonitas y me gustaría hacer surf.	¿Hacer surf y pasar todo el tiempo en la playa? No me gusta mucho la idea… Tenemos solo una semana y yo quiero ver algo del país y conocer a la gente, su vida y sus tradiciones.
¿Para qué?	Pues, me intereso mucho por otras culturas. Para mí es lo más interesante y por eso quiero visitar un pequeño pueblo.
¿De verdad? ¿Y qué hacemos en un pueblo todo el tiempo?	Por ejemplo, podríamos hacer excursiones, hablar con la gente, visitar un mercado…
¡Qué aburrido! Para mí lo mas importante de las vacaciones es descansar.	Sí, claro. Pero también quiero ver algo.
Perdona, pero he estudiado muchísimo en las últimas semanas y necesito esta semana para descansar.	Claro, te entiendo. Pero no tenemos que ir a México para descansar, nos podríamos quedar aquí. Además, tengo una guía sobre los monumentos históricos como Chichén-Itzá, Palenque y Teotihuacán y me gustaría verlos todos.
¿Todo esto en una semana?	Vamos a ver. También podríamos ir a ver solo dos de ellos. ¿Qué te parece?
Pues, no sé. No me intereso mucho por la historia…	Pero, ¿qué dices? Son algunos de los monumentos más famosos del mundo.
Sí, es verdad. Pero también quiero ir a hacer surf y descansar en la playa…	Pués, ¿por qué no vamos a Yucatán? Ahí podemos ver Chichén-Itzá y Palenque. Además hay playas muy bonitas.
Bueno, Palenque es impresionante. Ruinas mayas en medio de la selva… Podemos empezar por este monumento. Luego vamos a pasar dos días en la playa y después podríamos visitar Chichén-Itzá. ¿Vale?	De acuerdo. Bueno, ahora tenemos que buscar un hostal en Internet…

4 UN PASEO POR MADRID

KLASSENARBEIT A

COMPRENSIÓN LECTORA | LESEVERSTEHEN

1 **a** c – h – g – d – b (sobran: a, e, f)

b 1. (F) – 2. (F) – 3. (C) – 4. (C) – 5. (F) – 6. (F) – 7. (no está) – 8. (no está)

VOCABULARIO | WORTSCHATZ

2

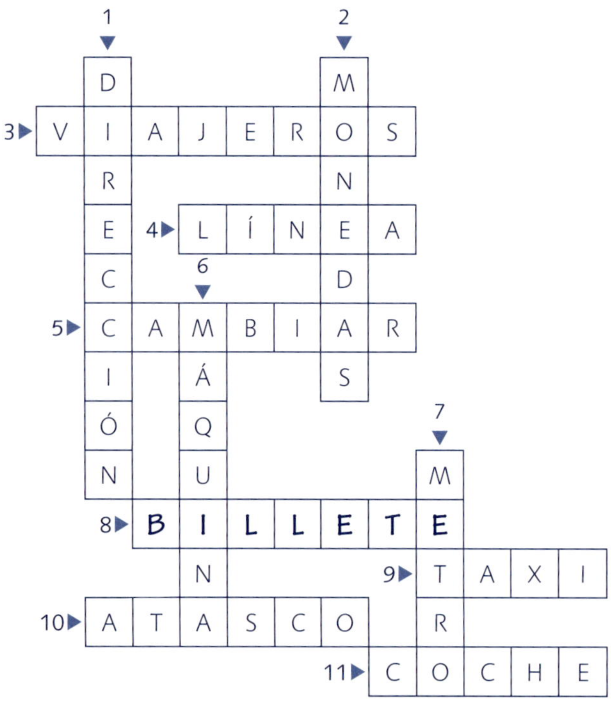

GRAMÁTICA | GRAMMATIK

3 1. Hoy he hecho los deberes. – 2. Todavía no he puesto la mesa para la comida. – 3. Esta semana no he visto la tele. – 4. Todavía no he leído un libro. – 5. Ya he escrito una carta a la abuela. – 6. Esta semana no he comido fruta. – 7. Esta mañana no me he levantado temprano. – 8. Esta semana todavía no he ido a la biblioteca.

4 **a** **pretérito perfecto:** alguna vez, todavía no, ya, hoy, este año, a los 17 años
pretérito indefinido: hace unos días, ayer, el otro día, el año pasado, después, luego, en 2009, en 2008 y 2012

b 1. comí – 2. Has estado; he ido, he estado – 3. fuisteis; nos lo pasamos, me acosté; te has levantado; te despertaste – 4. pasamos; hemos estado – 5. jugaba, se fue, cambió, ganó

5 ayúdeme – Mire – Coja – cambie – Coja – bájese – tome – Oiga – Mire – Dele

MEDIACIÓN | SPRACHMITTLUNG

6 a
1. ¿Cuánto cuesta una habitación para dos personas?
2. ¿Hay todavía habitaciones libres del tres de mayo al seis de mayo?
3. ¿Qué línea de metro tenemos que / tienen que coger mis padres para ir del aeropuerto al hotel?
4. ¿Mis padres pueden desayunar en el hotel?
5. ¿Qué tal el tiempo ahora mismo?

7 **b**

Hörtext	Lösung 6 Pkt.
Dígame.	**Hola me llamo… y tengo algunas preguntas.**
Sí, diga.	¿Cuánto cuesta una habitación para dos personas?
Una habitación doble para una noche cuesta 100 Euros.	¿Hay todavía habitaciones libres del tres de mayo al seis de mayo?
Espera un momento… Del tres de mayo al seis de mayo… Sí, tenemos todavía una habitación para dos personas.	Muy bien. ¿Y qué línea de metro tienen que coger mis padres para ir del aeropuerto al hotel?
Pues, eso es muy fácil. En el aeropuerto tienen que coger la línea ocho hasta Colombia. Allí hay que cambiar de línea y tomar la línea nueve. Tienen que bajar en la estación Avenida de América.	Una pregunta más – ¿mis padres pueden desayunar en el hotel?
Claro que sí. Cuesta solo cinco euros más por persona.	¡Qué bien! ¿Y qué tal el tiempo ahora mismo?
De momento está lloviendo. Pero a partir de mañana el tiempo mejorará.	Perfecto. Muchas gracias y hasta luego.
Hasta luego!	

1. Ein Doppelzimmer kostet 100 Euro pro Nacht. 2 Pkt.
2. Ja, es ist noch ein Zimmer vom 3.5 bis 6.5. frei. 1 Pkt.
3. Vom Flughafen aus müsst ihr mit der Linie 8 bis zur Haltestelle Colombia fahren. Dort müsst ihr umsteigen. Mit der Linie 9 fahrt ihr dann weiter und steigt an der Haltestelle Avenida de América aus. 5 Pkt.
4. Ja, es gibt Frühstück im Hotel und es kostest nur 5 Euro mehr pro Person. 2 Pkt.
5. Im Moment regnet es, aber ab morgen wird das Wetter besser. 2 Pkt.

EXPRESIÓN ESCRITA | TEXTPRODUKTION

7 Lösungsvorschlag:
- Disculpe, ¿me podría ayudar, por favor?
- Por supuesto.
- Pues, ¿cómo voy de aquí al Parque del Retiro?
- Eso es muy fácil. Coje la línea 2 en dirección a Las Rosas y bájese en la estación Retiro. Son solo seis paradas.
- Y allí está el parque, ¿verdad?
- Sí, correcto.
- Oiga, ¿y cómo voy de allí al Parque Casa de Campo?

- Desde el Retiro puede coger otra vez la línea dos. Vaya en la otra dirección hasta la estación Ópera. Coje la línea cinco en dirección Casa de Campo. El parque es la última parada.
- A ver, dice que tengo que coger la línea dos hasta Ópera. Desde allí tomo la línea cinco en dirección a Casa de Campo y bajo en la última parada.
- Así es.
- Pues, muchísimas gracias.
- De nada.
- Hasta luego.
- Hasta luego y buen viaje.

KLASSENARBEIT B

COMPRENSIÓN AUDITIVA | HÖRVERSTEHEN

8

Señor: Perdone, tenemos una pregunta: Queremos ir al aeropuerto de Barajas en metro.
Señora de la taquilla: Para ir al aeropuerto desde Atocha en metro es un poco difícil. Ustedes tienen que cambiar de línea de metro. Primero cojan la línea 1 en dirección a Plaza de Castilla. Vayan con esta hasta la estación terminal. De allí cambien a la línea 9 en dirección a Arganda del Rey y bájense en la estación Colombia. Ahora tomen la línea 8. Con esta vayan hasta el final.
Señora: ¿Tiene usted un plano del metro para nosotros?
Taquilla: Sí, aquí tiene.
Señora: Gracias.
Señor: Somos cuatro personas. ¿Qué billete podemos comprar para el viaje?
Taquilla: Para este viaje pueden comprar un billete combinado para toda la familia. Es más barato que cuatro billetes sencillos. Lo pueden comprar aquí.
Señor: ¡Muchas gracias por su ayuda! ¿Le podemos preguntar otra cosa?
Taquilla: Claro.
Señor: Pues, mañana queremos visitar el Parque del Retiro. Luego, mi mujer y mis hijas van de compras y yo quiero ir al estadio de fútbol para ver el partido del Real Madrid contra el Bayern Múnich.
Taquilla: Para ir a pie está bastante lejos. Mejor vaya en metro. También puede coger el bus.
Señor: ¿Cuánto cuesta el billete de autobús?
Taquilla: Un momento... ¿Necesita un billete sencillo o uno de ida y vuelta?
Señor: No, basta un billete sencillo.
Taquilla: Entonces el billete de autobús cuesta 1,50€.
Señor: Y ¿qué línea tengo que tomar?
Taquilla: Coja la línea 3 que pasa por la Puerta de Alcalá. Baje en la parada Plaza Lima para el estadio.
Señor: Y ¿cuánto tiempo dura el viaje?
Taquilla: Es bastante largo. El viaje dura unos 40 minutos.
Señor: Ah... Eso es mucho tiempo... ¿Y si voy en metro? ¿Es mejor?
Taquilla: Mhmmm... Bueno, sí, si va en metro el viaje dura solamente 25 minutos. Pero tiene que cambiar de línea.
Señor: No me importa. ¿Cómo voy al estadio en metro?
Taquilla: Primero coja la línea 2 en dirección a Ventas y baje en la parada Goya. Luego tome la línea 4 en dirección Argüelles y baje en la parada Alonso Martínez. De allí coja la línea 10 en dirección Fuencaral. El estadio tiene una parada propia con el nombre Santiago Bernabéu.
Señor: ¡Muchas gracias por la información!
Taquilla: No hay de qué. ¡Hasta luego!
Señor: ¡Adiós!

1 **a** 1a – 2b – 3c – 4c – 5b – 6a

9 **b** **Chico:** Perdone, una pregunta, ¿cómo podemos ir de la Puerta del Sol al Museo de Arte Reina Sofía?
Señor: Hmm, un momento… El Museo Reina Sofía está bastante lejos de aquí. Mejor coged un taxi.
Chica: No, no, queremos ir a pie. No tenemos mucho dinero y los taxis son muy caros. Además, así podemos ver algo de la ciudad.
Señor: Bueno, entonces salid por la Calle de Alcalá. Seguid esa calle hasta la Plaza de Cibeles. De allí girad a la derecha por el Paseo del Prado. Seguid por el paseo todo recto hasta que lleguéis a la Plaza del Emperador Carlos V. Allí está el Museo de Arte Reina Sofía.
Chico: ¡Ah! Ya lo veo en el plano. ¿Qué piensa usted, cuánto tiempo nos va a llevar?
Señor: Bueno, no sé… Creo que unos treinta minutos.
Chico y Chica: Ah, eso no es mucho. ¡Muchas gracias por su ayuda! ¡Hasta luego!

VOCABULARIO | WORTSCHATZ

2 1. ¿Es mejor ir en taxi al aeropuerto o coger el metro? – 2. Coja la línea 5 en dirección a… – 3. ¿Cuánto cuesta un abono de diez? – 4. ¿Has comprado un billete combinado o un billete sencillo? – 5. Tiene que cambiar de línea en… – 6. Bájese…

3 **a**

H	D	W	P	U	E	S	T	O	F
J	Y	J	C	M	S	U	W	X	M
I	M	G	D	I	C	H	O	K	I
R	I	M	U	E	R	W	F	B	D
G	L	F	A	B	I	E	R	T	O
R	O	H	S	J	T	Y	Y	L	N
V	U	E	L	T	O	Y	N	I	U
I	S	C	N	C	I	W	J	V	S
S	B	H	K	I	N	U	W	O	D
T	F	O	Q	D	D	M	D	K	W
O	C	M	Y	N	W	Y	H	W	I

participio	infinitivo
abierto	abrir
escrito	escribir
hecho	hacer
dicho	decir
puesto	poner
vuelto	volver
visto	ver
ido	ir

b 1. ha abierto; he visto – 2. ha escrito – 3. habéis visto, he dejado; has hecho – 4. has dicho; He vuelto

GRAMÁTICA | GRAMMATIK

4 tu familia española:
1. ¿Te has despertado tarde hoy?
2. ¿Habéis estado en el Museo del Prado esta mañana?

tú:
No, … hoy no me he despertado tarde.
Sí, … hemos estado allí.

tu familia española:

3. ¿Habéis dado un paseo por el Palacio Real hoy? — No, … no hemos dado ningún paseo.
4. ¿La clase ha visto muchos museos esta tarde? — No, … no ha visto muchos.
5. ¿Todos los chicos han visto el estadio y el Museo del Real Madrid hoy por la tarde? — Sí, … los han visto.
6. ¿Tus amigos ya se han acostumbrado a cenar tarde? — Sí, … se han acostumbrado ya.
7. ¿Ya has escrito a tus hermanas? — No, … todavía no les he escrito.

(tú:)

5 has estado – fui – Visitamos – ha gustado – ha gustado – has estado – he visto – fuiste – fui – habéis estado – hemos estado – has pasado – visité – Fui – fue – dijeron – hablaron – dejaron

MEDIACIÓN | SPRACHMITTLUNG

6 **Turista**: Hallo, ich finde …

Tú: No encuentra su cámara de vídeo. Pregunta si lo podemos ayudar. 2 Pkt.

Hugo: ¡Claro que sí!

Tú: Na klar! 1 Pkt.

Turista: Könnt ihr mir sagen …

Tú: ¿Dónde hay una comisaría de policía por aquí? 1 Pkt.

Hugo: Pues eso…

Tú: Das ist ganz einfach. Sie müssen die erste Straße links gehen, dann immer geradeaus bis Sie zu einem großen Platz kommen. 5 Pkt.

Turista: Und dann?

Tú: ¿Y de ahí? 1 Pkt.

Hugo: En la plaza…

Tú: Auf dem Platz müssen Sie die zweite Straße rechts nehmen. Es ist dann das zweite Gebäude auf der linken Seite. Mein Freund glaubt, dass es ein gelbes Gebäude ist. Die Polizei ist in der ersten Etage. 6 Pkt.

Turista: Super, herzlichen Dank.

Tú: Dice muchas gracias. 1 Pkt.

Hugo: De nada. Son unos…

Tú: Er meint, dass es ungefähr fünf Minuten bis zum Polizeirevier sind. 1 Pkt.

Turista: Gut, dann noch einmal vielen Dank.

EXPRESIÓN ESCRITA | TEXTPRODUKTION

7 **Lösungsvorschlag:**

Desde hace tres días estoy en Hamburgo con mis amigos Toño e Ismael. Nos lo estamos pasando fenomenal. Hemos hecho cosas muy interesantes y hemos visitado muchos lugares bonitos.

Hoy hemos ido al puerto de Hamburgo que es muy grande y hemos visto muchos barcos inmensos. He hecho un montón de fotos. También hemos visitado un museo muy interesante que está en el puerto. Es un museo sobre el café. ¡Qué interesante!

Nuestros compañeros alemanes siempre tienen un programa para todo el día. Y siempre tenemos que ser muy puntuales… no lo sabía. Ayer por la noche, por ejemplo, quedamos con los otros alumnos del grupo a las siete de la tarde para ir a cenar. ¡A las siete! ¡Qué fuerte! No entiendo por qué los alemanes cenan tan temprano. Y como algunos de los españoles llegaron tarde, los alemanes se pusieron super nerviosos. Y al final, los alemanes pagaron lo que ellos habían pedido. Lo que pasa es que no ponen fondo como nosotros. Me he quedado a cuadros.

Ahora tengo que terminar porque hoy por la noche vamos a salir y antes quiero ducharme. Está aquí también una chica alemana que me gusta mucho. A ver que pasa…

KLASSENARBEIT A

COMPRENSIÓN AUDITITVA | HÖRVERSTEHEN

10

Elena: ¿Hola, qué estás viendo?
Roberto: Las noticias en La 1. Han empezado a las 19 horas, terminarán pronto.
Elena: Cambia de canal, por favor, en Antena 3 ponen mi telenovela favorita «El amor es más fuerte» a las 19.15 horas.
Roberto: Qué aburrido. Además, yo quiero ver el partido de fútbol entre el Valencia y el Sevilla en La Sexta.
Elena: ¡Pero yo veo «El amor es más fuerte» todos los días! Si no lo hago, mañana ya no sé cómo sigue la historia. ¡No me lo puedo perder!
Roberto: A ver, ¿cuánto tiempo dura la telenovela?
Elena: Una hora.
Roberto: ¡Entonces me pierdo casi la mitad del partido de fútbol! Empieza a las 19.30 horas. Además, la telenovela es muy mala. ¿A quién le interesa si Rosario será la novia de José o de Diego?
Elena: A mí me interesa. No se trata solo de la relación entre Rosario, Diego y José, también hablan de otras cosas, ¡es muy guay! No es necesario que veas el partido de fútbol, dicen el resultado en la radio más tarde. Cambia de canal ya, «El amor es más fuerte» empieza ahora.
Roberto: ¿No podemos encontrar algo que nos interese a los dos? También puedes ver «El amor es más fuerte» a las 22.30 horas, lo van a poner otra vez.
Elena: Vale. También ponen la comedia «La comunidad» en Telecinco, y «¿Quieres ser millonario?» en...
Roberto: «La comunidad» no es muy graciosa, entonces yo prefiero «¿Quieres ser millonario?» ¿Cuándo empieza?
Elena: Bueno. Empieza ahora mismo.

1 1. (la comedia) «La comunidad» – 2. (la telenovela) «El amor es más fuerte» – 3. las noticias – 4. / – 5. un partido de fútbol entre el Valencia y el Sevilla – 6. ¿Quieres ser millonario?

○ **2** **a** 1b – 2a – 3b – 4c – 5a – 6c

● **b** 1. Un partido de fútbol. – 2. El Valencia y el Sevilla van a jugar en el partido que quiere ver Roberto. – 3. Elena quiere ver una telenovela. No se lo puede perder porque si lo hace, mañana ya no sabe cómo sigue la historia. – 4. Elena lo puede también ver a las 22.30 horas. – 5. También dicen los resultados del partido en la radio. – 6. Al final los dos ven «¿Quieres ser millonario?».

VOCABULARIO | WORTSCHATZ

3

verbo	adjetivo	sustantivo	persona
impresionar a alguien	**impresionante**	la impresión	________
jugar	________	**el juego**	**el/la jugador/a**
________	________	el espectáculo	**el/la espectador/a**
________	pobre	**la pobreza**	________
interactuar	interactivo	________	________
sorprender a alguien	________	la sorpresa	________
ayudar	________	**la ayuda**	________

narrar algo	______	______	el/la narrador/a
presentar algo	______	**la presentación**	______
______	______	**la amistad**	el/la amigo/-a

4 No obstante / Sin embargo – Además – Sin embargo / No obstante – por lo cual – en cambio – Por lo tanto

GRAMÁTICA | GRAMMATIK

5 a funcionarán – podrán – existirán – comprarán – leerá – tendrán – será – escribirá – mandarán/mandaremos

b **Lösungsvorschlag:**
Pienso que en el futuro los coches y bicicletas de verdad funcionarán con electricidad porque será más barato. También estoy de acuerdo que en algunos años los ordenadores y los móviles podrán hablar porque hoy en día ya pueden entender lo que decimos. Pero no creo que en el futuro ya no haya tiendas normales. Claro, compraremos aún más productos por Internet pero pienso que sin embargo existirán algunas tiendas normales. También opino que en el futuro ya no habrá libros normales porque todos tendrán tablets. La carta ya no existirá. La gente solo mandará e-mails porque no cuesta nada. No pienso que en el futuro un viaje a la luna sea normal porque costará mucho dinero y además – ¿qué quieres hacer en la luna? Hace frío y es oscuro.

○ **6 a** 1c – 2d – 3e – 4b – 5a – 6f

● **b** 1. Cuando tenga 18 años, trabajará en una empresa de ordenadores y ya no irá al instituto. – 2. Mientras los otros alumnos se aburren en el instituto, Marisol escribe ideas para su blog. – 3. Aunque saca malas notas, no hace los deberes. – 4. Cuando tiene tiempo por la tarde, navega por la red. – 5. Aunque esté muy enferma, pasará el día delante del ordenador. – 6. Mientras no saque mejores notas, tendrá que estudiar cada día.

MEDIACIÓN | SPRACHMITTLUNG

7
1. Nachrichten kommen um 16:15 auf TV1 und um 18:30 auf Canal+. 2 Pkt.
2. Basketball kommt 14:40 auf Canal+. Aber du kannst auch um 17:00 auf Antena 3 Sportnachrichten sehen. 2 Pkt.
3. Ja, es gibt eine Kochshow um 17:30 auf TV2. Heute geht es um typische Gerichte aus Galicien. 2 Pkt.
4. Es gibt drei Seifenopern: „La Señora", um 16:30 auf TV1, „El amor es más fuerte" um 17:40 auf TV 1 und „Ana y Martín" um 16:45 auf Canal+. 3 Pkt.
5. Ja, es kommen die „Simpsons" um 14:00 auf Antena 3 und „Dos hombres y medio" um 16:30 auf La Sexta. 2 Pkt.
6. Es gibt eine Tierdokumentation um 16:05 auf TV2. Um 18:45 kommt eine Doku auf Antena 3, die über junge Spanier berichtet, die auf der Suche nach Arbeit sind. 2 Pkt.
7. Um 19:15 läuft auf La Sexta eine Komödie über einen Jungen, der immer Fußballspieler werden wollte, aber als er es geschafft hat, ändert sich plötzlich alles. Und es kommt ein Drama um 21:00 auf Canal+ über eine Frau, die nach 25 Jahren in ihr Dorf zurückkehrt. 4 Pkt.

EXPRESIÓN ESCRITA | TEXTPRODUKTION

8 **Lösungsvorschlag:**
Alejandro todavía es un chico joven, alegre y deportista. Le gusta mucho jugar al fútbol. En algunos años irá al colegio y a lo mejor allí le gustará tanto jugar al fútbol con los compañeros de clase como ahora. Aunque tenga muchas cosas que hacer ayudará los fines de semana a vender comida y bebidas en el

estadio de fútbol para poder ver los partidos. Mientras estudia deportes en la universidad trabajará para una revista de deporte. Escribirá sobre todo artículos sobre fútbol, por lo tanto irá cada fin de semana al estadio para ver los partidos. Cuando termine los estudios, su sueño se hará realidad y jugará para el FC Valencia. Algunos años más tarde tendrá una familia: una mujer guapa y dos hijos. Aunque tenga que entrenar mucho, pasará mucho tiempo con sus hijos. Lo que les gustará más a los dos será –claro– jugar al fútbol con su papá.

KLASSENARBEIT B

1 a 1. (F) – 2. (C) – 3. (F) – 4. (C) – 5. (no está) – 6. (F) – 7. (C) – 8. (F)

b Sara (Teresa) está loca por el Internet (por los medios de comunicación) y por eso decide vivir una semana sin su ordenador y el móvil (sin el móvil, la tele, el ordenador, el Internet y el telefono). Le gusta mucho esta idea. (Está muy nerviosa.) Pero es difícil: el primer día llega tarde al colegio (llega al colegio pero no está ningún compañero de clase) porque han cambiado el horario. El otro día tiene que preparar una presentación para el colegio, pero no lo puede hacer porque no tiene Internet (y ha ido en biblioteca para buscar información). Muchas veces se siente muy sola porque los amigos piensan que Sara está loca (no tienen ganas de salir) y ya no quieren quedar con ella (les gusta más chatear). Entonces pasa mucho tiempo con su familia (sola) en casa. A finales de la semana está feliz de poder usar los medios de comunicación otra vez porque ha sido una semana muy aburrida (interesante pero muy dura también).

VOCABULARIO | WORTSCHATZ

2 a 1e – 2f – 3d – 4c – 5b – 6a

b 1. dejaron el país – 2. navega por la red – 3. descubrió el talento – 4. encender el ordenador – 5. cambiar de trabajo – 6. eches un vistazo

GRAMÁTICA | GRAMMATIK

○ **3 a** había salido – había empezado – había olvidado – había preparado – había escuchado – había explicado – había olvidado – había perdido

● **b** 1. La invitó al cine, pero ella ya había visto la peli. – 2. La llamó para salir, pero ella ya había salido con una amiga. – 3. Le regaló un libro, pero ella ya lo había leído. – 4. El día de San Valentín le mandó unas flores, pero ya había recibido flores de otro chico. – 5. Cuando querían quedar, llegó tarde y ella ya se había ido. – 6. Le dio el disco nuevo de Maná pero ella ya se lo había comprado. – 7. Le escribió una carta de amor, pero otro chico ya le había escrito un poema.

4 **lleva** tres meses **viviendo** – **Pasa** todas las tardes **estudiando** – **sigue buscando** – **pasa** siempre muchas horas **navegando** – **sigue viviendo** – **siguen pidiéndole** – **lleva** muchos años **soñando**

MEDIACIÓN | SPRACHMITTLUNG

11 **5** **Estudio:** Esto era «No hay más» de Antonio Orozco. Seguimos con el programa «El libro de la semana», presentado por Vicente Hernández Pérez.
Vicente: Hola, bienvenidos a la «Cadena Dial». El libro de la semana es «Frontera» de Jordi Sierra y Fabras. Trata de las tradiciones de un país y una familia por una parte, y del derecho a decidir sobre la propia vida por otra parte.

La protagonista del libro se llama Amina y es una chica de Marruecos de catorce años que lleva viviendo en España casi toda su vida. Ahora va al colegio y está decidida a ser abogada. Pero un día sus padres le dicen que tiene que volver a Marruecos para vivir con un hombre de cincuenta años al que no conoce.
Amina no quiere dejar el país y sobre todo no quiere casarse con un hombre que ni conoce y por eso se va de casa. Pide ayuda a su amiga Estefanía y se esconde en su casa, sin que lo sepan sus padres. Así Amina lleva unos días sin ir al colegio y sin pasar por su casa. Al final, con la ayuda de Estefanía y de su profesora de lengua, Lucía Cortázar, Amina vuelve a casa de sus padres que le prometen que no tiene que ir a Marruecos y que ella misma puede decidir qué quiere hacer en el futuro.
Estudio: Esto ha sido «El libro de la semana». Ahora seguimos con música…

1. Es geht in dem Buch auf der einen Seite um die Traditionen eines Landes und einer Familie, und auf der anderen Seite um das Recht, über sein eigenes Leben entscheiden zu können. 5 Pkt.
2. Das Mädchen heißt Amina und sie ist 14 Jahre alt. 2 Pkt.
3. Ihre Familie möchte, dass sie nach Marokko reist, um dort mit einem 50-jährigen Mann zu leben, den sie nicht einmal kennt. 3 Pkt.
4. Sie möchte das überhaupt nicht und reist deshalb von zuhause aus. Sie bittet ihre Freundin Estefanía um Hilfe und versteckt sich bei ihr zuhause. 3 Pkt.
5. Ihre Freundin Estefanía hilft ihr und auch ihre Lehrerin, Lucía Cortázar. Mit deren Hilfe kehrt sie schließlich nach Hause zurück und ihre Eltern versprechen ihr, dass sie nicht mehr nach Marokko zurück muss und über ihre Zukunft selbst entscheiden kann. 5 Pkt.

EXPRESIÓN ESCRITA | TEXTPRODUKTION

6 a

argumentos a favor	argumentos en contra
– para buscar información	– pasar demasiado tiempo delante del ordenador
– para comunicar con amigos y la familia	– vivir en un mundo virtual
– para escribir un blog	– ya no ir afuera para quedar con otros
– para compartir fotos y vídeos	– ya no hacer deporte
– para pasar el tiempo	– puede ser caro

b
- yo opino/creo/pienso, me parece que, para mí, no entiendo por qué, lo bueno/malo es que, lo más importante es que
- pero, sin embargo, además, en cambio, por lo tanto, por lo cual, no obstante, sin embargo

c **Lösungsvorschlag:**

Creo que hoy en día necesitamos los medios de comunicación para todo. Sin ellos, la vida ya no funciona. Si buscas alguna información, da igual para qué o sobre qué tema, la encontrarás en Internet. Quieres comunicar con otros, los puedes llamar directamente por móvil en casi todo el mundo o escribirles un mensaje o un e-mail. Además, puedes compartir tus fotos y vídeos con tus amigos, y todo eso poco tiempo después de sacarlos. También podemos compartir nuestras ideas con el mundo y escribir un blog.
Pienso que a muchas personas la tele les gusta para relajarse y prefieren ver las noticias que leer el periódico.
Sin embargo, los medios de comunicación también tienen otro lado: mucha gente pasa demasiado tiempo delante del ordenador y ya no sale o hace deporte. Y aunque es tan fácil comunicar con otros por la red, muchos están muy solos. La gente ya no sabe cómo comunicar con otras personas y algunos se olvidan de sus amigos que no están en la red.
Por último hay que decir que sobre todo muchos jóvenes están siempre con su móvil, llaman a sus amigos, escriben mensajes o navegan por la red y al fin del mes tienen que pagar mucho dinero.

6 EUROPA Y ESPAÑA

KLASSENARBEIT A

COMPRENSIÓN AUDITITVA | HÖRVERSTEHEN

12

Presentador: ¡Hola y bienvenidos a Radio Uno! El tema de hoy es Europa. Yo soy Fernando y voy a hablar con Jaime, Pablo, Carmen y Laura, cuatro jóvenes de Madrid, sobre lo que significa Europa para ellos. Vamos a empezar con Jaime: Para ti, ¿qué significa Europa?

Jaime: Para mí lo más importante de Europa es que podemos viajar libremente de un país a otro. Mi abuelo siempre me decía que antes viajar por Europa era mucho más difícil que hoy en día. En cada frontera tenía que parar y mostrar su pasaporte. ¿Os lo podéis imaginar?

Presentador: Sí, es verdad. Bueno, ahora Pablo, cuéntanos tus experiencias.

Pablo: A mí, mi abuelo también me contaba lo difícil que era viajar de España a Alemania, donde trabajaba en los años 80. Pero para mí eso de las fronteras no es tan importante como el euro. A mí me gusta poder pagar mis cosas en casi todo el continente con la misma moneda y que ya no necesito cambiar dinero cuando viajo por Europa. Casi no recuerdo la peseta. ¿Vosotros os acordáis?

Carmen: Yo no.

Jaime: Yo tampoco.

Pablo: Mis padres me contaron que antes, con tantas monedas, era mucho más complicado que hoy en día. Si no me acuerdo mal, en Alemania tenían el marco alemán mientras que en Austria se pagaba con el Schilling y en Francia con el Franco. Me contaron que cada vez que entraban en otro país lo primero que hacían era cambiar dinero.

Presentador: Carmen, para ti, ¿qué significa Europa?

Carmen: Para mí son los encuentros con otros jóvenes de toda Europa. Por ejemplo, en la escuela puedes hacer un intercambio con una escuela extranjera, luego con un grupo de jóvenes puedes participar en un proyecto europeo o simplemente pasar las vacaciones en algún país europeo haciendo un curso de idiomas. Dentro de poco voy a terminar la escuela y mis amigos ya me están diciendo que participe con ellos en un campamento de verano.

Presentador: Ah, parece muy interesante. ¿Dónde va a ser ese campamento?

Carmen: Vamos al sur de Italia donde vamos a ayudar a la gente en el campo en agosto. En total somos un grupo de 30 jóvenes de ocho países europeos.

Jaime: Ah, a mí también me gustaría participar en ese programa. Lo primero que yo voy a hacer cuando empiece mis estudios en la Universidad de Madrid es pasar un año en Inglaterra con una beca Erasmus. Espero encontrar a gente de muchos países diferentes. Hoy en día es mucho más fácil estudiar fuera y aprender idiomas. Para nosotros es mucho más fácil sentirse europeo que hace 30 años.

Presentador: Laura. No has dicho nada hasta ahora. ¿Qué significa Europa para ti?

Laura: A ver, yo soy francesa y Europa para mí significa tener siempre la casa abierta para gente de otros países. Siempre les digo a mis amigos de Francia que pasen un mes con mi familia para aprender mejor el español. Y claro, ellos también quieren que les visite en Francia donde me encanta no solo pasar tiempo con ellos y conocer a sus amigos sino también comer la riquísima comida francesa. El cruasán por ejemplo me encanta.

Presentador: Muchas gracias. Ahora queremos saber lo que vosotros, los que estáis escuchando nuestro programa, pensáis. Nos podéis escribir un e-mail o llamar por teléfono para contarnos vuestras experiencias y lo que pensáis vosotros de Europa. ¡Con un poco de suerte podéis ganar un viaje a Madrid! Seguimos ahora con una canción y después vamos a escuchar lo que nos han escrito…

1 1. (X) – 2. (/) – 3. (X) – 4. (X) – 5. (/) – 6. (X) – 7. (/) – 8. (X)

2 a 1. Jaime – 2. Pablo – 3. (nadie) – 4. Pablo – 5. Carmen – 6. (nadie) – 7. (nadie) – 8. Laura – 9. (nadie)

b 1. Jaime – 2. (nadie) – 3. Pablo – 4. Laura – 5. (nadie) – 6. Carmen

VOCABULARIO | WORTSCHATZ

3

C	W	V	I	A	J	A	R	L
U	U	M	B	L	Y	S	W	A
I	Q	F	K	I	B	G	B	G
D	J	A	D	M	I	R	A	R
A	L	J	A	E	N	N	Y	O
R	E	C	O	N	O	C	E	R
X	D	Y	U	T	N	P	A	L
L	X	D	L	A	N	Y	F	A
E	N	T	E	R	A	R	S	E

1. cuidar
2. alimentar
3. viajar
4. admirar
5. reconocer
6. enterarse

Lösungsvorschlag:
Cuando era joven mi abuela tenía que cuidar de sus seis hermanos.
Maxi no sabía cómo alimentar a un perro.
El último mes Daniel y Miguel viajaron por Francia.
Cuando era niño admiraba mucho a Ronaldo.
Ayer reconocí a un actor muy famoso en la calle.
No me enteré de que estabas enfermo.

GRAMÁTICA | GRAMMATIK

4 a 2. ¡Haz los deberes! – 3. ¡Ayuda en casa! – 4. ¡No veas la tele! – 5. ¡Juega fuera en vez de jugar a vídeojuegos! – 6. ¡Haz las compras! – 7. ¡Ve a ver a la abuela!

b 2. Me dicen que haga los deberes. – 3. Quieren que ayude en casa. – 4. Me dicen que no vea la tele. – 5. Quieren que juegue fuera en vez de jugar a los vídeojuegos. – 6. Escriben que haga las compras. – 7. Me dicen que vaya a ver a la abuela.

5 a 1. He hablado con Jorge y voy a salir con él. – 2. Tengo que ir al médico y por eso no tengo tiempo. – 3. Ya he visto la película y no me ha gustado mucho. – 4. Tengo poco tiempo porque tengo que estudiar para el examen. – 5. ¿Te gusta el actor? No voy porque no me gusta el actor de esa película. – 6. La próxima semana voy a quedar con mi mejor amigo para ir al cine. ¿Quieres venir con nosotros?

b 2. Ana escribió que no tenía ganas de hacer sus deberes de Mates. Te preguntó si le pasabas los tuyos el próximo día en el insti.
3. Jaime te preguntó si ibas a la clase de teatro ese día. Dijo que él no podía. Explicó que tenía que estudiar para el examen de alemán.
4. Antonio escribió que acababa de volver de su viaje a Alemania. Dijo que había sido genial y que ya echaba de menos las Bratwürste. Escribió que eran muy ricas.
5. María José quería saber si habías visto ya la nueva tienda de cedés. Te escribió que había ido y que tenían muchas ofertas.

MEDIACIÓN | SPRACHMITTLUNG

6 Lösungsvorschlag:

José war für ein halbes Jahr Austauschschüler an unserer Schule und hat nun in der spanischen Zeitung „Europa para ti" ein Interview gegeben und über seine Zeit bei uns berichtet.
Ihm hat Hamburg sehr gut gefallen, da es eine so lebendige und internationale Stadt ist. Er berichtet, dass er viele nette Leute kennengelernt hat und einfach alles toll fand: die Stadt, die Leute, das Essen und die Kultur.
Neben der Schule hat er noch an einem Sprachkurs teilgenommen, um später einmal Deutsch studieren zu können. Auch wenn er noch nicht perfekt spricht, reicht es für den Alltag.
Einige seiner spanischen Freunde besuchten ebenfalls einen Sprachkurs, studieren an der Uni von Hamburg oder arbeiten in Restaurants oder Bars. Er war traurig, dass seine Zeit in Hamburg schon vorbei war, aber hatte an seinem letzten Tag noch so einiges vor: Einige Freunde hatten ihm eine Ausstellung über die Europäische Union empfohlen, die er noch besuchen wollte. Abends wollte er sich dann noch mit Freunden in einer spanischen Bar treffen und dort seinen letzten Abend verbringen.

EXPRESIÓN ESCRITA | TEXTPRODUKTION

7 Lösungsvorschlag:

Hola a tod@s:
Acabo de escuchar el programa sobre Europa que me ha parecido muy interesante. Por eso he decidido escribiros lo que pienso yo sobre este tema.
Para mí, lo más importante de Europa es que podemos viajar sin tener que mostrar nuestros pasaportes cada vez que queremos entrar en otro país. La idea de tener que esperar en cada frontera horas y horas me parece muy rara y algo que solo existe en los recuerdos de mis padres.
También me parece muy importante que podamos conocer a jóvenes de toda Europa. Para mí es el resultado de una Europa sin fronteras.
Cada uno de mis amigos tiene una idea diferente de Europa.
Hay una amiga que dice que para ella lo más importante de Europa es la diversidad cultural. A ella le encanta visitar museos e ir a conciertos de músicos que cantan en un idioma diferente.
A otra amiga le encantan los platos diferentes. En Italia come pizza, en Francia come cruasanes y cada vez que visita España pide paella en un restaurante.
A mi mejor amigo, a Julian, la idea del euro le parece impresionante. Vive muy cerca de la frontera francesa y le encanta poder comprar sus cosas en un supermercado francés sin tener que cambiar dinero.
Espero que mis ideas os hayan interesado,
Un saludo,
Johanna

KLASSENARBEIT B

COMPRENSIÓN LECTORA | LESEVERSTEHEN

1 1. líneas 49–51 – 2. línea 27 – 3. línea 10 – 4. líneas 17–18 – 5. línea 14 – 6. líneas 37–38

○ **2** **a** 1c – 2d – 3a – 4f – 5e – 6b

● **b** Lösungsvorschlag:

1. Una encuesta sobre Europa – 2. La palabra «Europa» – 3. Viajar por Europa – 4. ¿Irme a otro país? – 5. El futuro en Alemania – 6. Un joven europeo

VOCABULARIO | WORTSCHATZ

3

			1		2			3		
			P		R			V		
4▶		C	O	M	E	N	T	A	R	
			R		C			R		
			–		O			I		
			S		N			O		
			U		O			S		
			P		C		5			
	6		U		E		C			7
	U		E				R			I
	N		S				U			D
8▶	I	N	T	E	N	T	A	R		I
	R		O				S			O
							Á			M
			9▶	P	L	A	N	E	T	A

4 **Lösungsvorschlag:**

2. Es una persona que trabaja en un restaurante y que sirve la comida. – 3. Es una persona que trabaja en un instituto y enseña por ejemplo Inglés. – 4. Es la persona que hace preguntas al público. – 5. Es una persona que trabaja en una tienda y vende cosas. – 6. Es una persona que toca un instrumento o canta. – 7. Es una persona que cuida de la gente que está enferma.

GRAMÁTICA | GRAMMATIK

5 1. Preguntamos cómo estaba. – 2. Queríamos saber dónde había nacido. – 3. Queríamos saber cuántas lenguas hablaba. – 4. Preguntamos si le gustaba ser famoso. – 5. Preguntamos si cuándo era niño le gustaba jugar con coches. – 6. Preguntamos cuántos años tenía cuando ganó su primer título. – 7. Queríamos saber dónde había pasado sus últimas vacaciones. – 8. Preguntamos qué había hecho antes de la entrevista y qué iba a hacer después.

MEDIACIÓN | SPRACHMITTLUNG

13 **6** **Presentador:** … unsere Sendung ist damit schon wieder fast zu Ende. Allerdings wollen wir euch noch mit einem ganz besonderen Filmtipp ins Wochenende verabschieden. Heute Abend und am Sonntag um jeweils 15 und 20 Uhr wird im Luna der empfehlenswerte Film „Barcelona für ein Jahr“, auf Spanisch „La casa de locos“, des französischen Regisseurs Cédric Klapisch gezeigt.

Ohne zu viel verraten zu wollen, kurz zum Inhalt des Films: Der französische Student Xavier aus Paris verbringt zwei Semester als Erasmus-Student in Barcelona. Er möchte sich dort auf seinen ersten Job vorbereiten und Spanisch lernen. Nach anfänglichen Schwierigkeiten gelingt es ihm schließlich, eine Wohnung zu finden, die er mit Studenten aus ganz Europa bewohnt. Schnell kommt er dank Händen und Füßen mit Tobias aus Deutschland, der attraktiven Isabelle aus Belgien, dem lässigen Italiener Alessandro, dem Dänen Lars, der Engländerin Wendy und schließlich der einzig Spanisch beziehungsweise Katalanisch sprechenden Soledad in Kontakt.

In dieser bunt gemischten WG bemerkt Xavier, der französische Student, recht bald, dass sein ursprünglicher Plan Spanisch zu lernen wohl nicht ganz aufgehen wird. Dafür stürzt er sich kurzerhand mit viel Eifer in das Erlebnis, anhand seiner Mitbewohner die unterschiedlichsten Kulturen, Herkünfte, Mentalitäten und Eigenarten von Menschen ganz Europas kennen zu lernen und das spanische Leben mit seinen neuen Freunden zu genießen. Gemeinsam wird gefeiert, gestritten, geliebt und wenn dann noch Zeit bleibt, sogar ein wenig studiert.
Ein wirklich gelungener Film, der beim Zuschauen viel Spaß macht und ganz bestimmt ein unterhaltsamer Tipp für dieses Wochenende ist.
Die zwei nachfolgenden Meinungen zweier Schüler, die den Film in Spanien, wo er bereits vor zwei Wochen angelaufen ist, gesehen haben, werden bisher noch etwas kritische Zuhörer ganz bestimmt überzeugen.
Chica: Der Film war wirklich super! Ich werd' ihn mir ganz bestimmt nochmal anschauen. Ich hab' richtig Lust bekommen, nach dem Abi im nächsten Jahr auch noch ein paar Monate im Ausland zu verbringen. Ich hoffe, dort genauso wie Xavier so viele tolle Dinge zu erleben und solche sympathischen Freunde zu finden.
Chico: Der Film ist einfach klasse. Ich habe so viel gelacht und finde ihn recht authentisch. Ich war letzten Sommer für einen Sprachkurs in Barcelona. Im Film habe ich nicht nur viele Sehenswürdigkeiten wiedererkannt, sondern auch die tolle Atmosphäre der Stadt gespürt. Die Stadt ist so toll! Es ist immer was los, egal wann man auf der Straße ist. Überall laufen Leute aus den unterschiedlichsten Ländern Europas durch die Straßen und kommen miteinander ins Gespräch. Während meines Studiums möchte ich unbedingt auch ein halbes Jahr in Barcelona studieren.
Presentador: Mit diesen zwei Kommentaren verabschieden wir uns ins Wochenende. Macht´s gut und bis Montag!

1. Sí, la peli se llama «Barcelona für ein Jahr». 1 Pkt.
2. La ponen hoy por la noche y mañana a las tres y a las ocho. 2 Pkt.
3. No, lo comparte con estudiantes de toda Europa. Hay solo una chica de Cataluña. 2 Pkt.
4. No, no es verdad. Dice que a ella la película le ha gustado un montón. 2 Pkt.
5. No, no ha dicho nada sobre un bar de tapas. Solo ha dicho que cuando estaba en Barcelona participó en un curso de idiomas. 3 Pkt.

EXPRESIÓN ESCRITA | TEXTPRODUKTION

7 **Lösungsvorschlag:**

- Hola, ¿qué tal en el colegio hoy?
- Pues, muy bien. Imagínate, tenemos a un alumno nuevo que es de México.
- ¡Anda, qué interesante! Dime, ¿cómo se llama, de dónde es y por qué se vino a vivir a España?
- El chico se llama Juan. Es de Mérida y nos ha contado que su padre ha encontrado trabajo en el hospital. Trabaja de médico.
- ¿Qué más le habéis preguntado?
- Le hemos hecho muchas preguntas. Le hemos preguntado si es la primera vez que está en España, si tiene hermanos o hermanas, si le gusta hacer deporte y cuál es su asignatura favorita.
- Ah, ¿y qué ha contestado?
- Ha dicho que hace tres años estuvo en Colonia, que tiene dos hermanos mayores, que le gusta jugar al fútbol y que en España su asignatura favorita era el Inglés.
- ¿Por qué no le preguntas si quiere venir a nuestra casa? Si quieres puedo preparar un plato muy rico.
- Sí, es una muy buena idea. Le voy a preguntar mañana si nos quiere visitar un día de estos.

MÜNDLICHE PRÜFUNG 2

Auf diesen Seiten findest du einige Vorschläge, wie du die Fragen beantworten könntest.
Achtung: Es müssen nicht alle Punkte genannt werden! Du solltest 2–3 Minuten sprechen.

MONÓLOGO | MONOLOG

1 A Podría ir en metro. Coja la línea ocho en dirección a Nuevos Ministerios. Bájese en la estación Colombia. Entonces tiene que cambiar de línea. Siga en la línea nueve en dirección a Mirasierra y bájese en la Plaza de Castilla. Después coja la línea uno en dirección a Pinar de Chamartín. Tiene que bajarse en la próxima parada.

Si no quiere cambiar dos veces, coja la línea ocho en dirección a Nuevos Ministerios. Luego bájese en la última estación. Allí tiene que cambiar de línea. Coja la línea 10 en dirección a Hospital Infanta Sofía y bájese en la estación Chamartín. Son cuatro paradas.

B La Puerta del Sol:
- centro de Madrid
- famosa por el reloj
- de allí salen todas las carreteras importantes del país
- los españoles celebran la Nochevieja en esta plaza

El Museo Reina Sofía:
- un museo de arte contemporáneo
- se puede ver el «Guernica» de Picasso
- a veces ofrece actividades culturales

El Retiro:
- antes era un parque para los reyes
- siempre hay mucha gente que da paseos
- hay músicos y estatuas vivas
- hay un gran estanque

La Plaza de toros:
- aquí se celebran las corridas de toros
- hay mucha gente en contra de las corridas

DIÁLOGO | DIALOG

2 a

argumentos a favor	argumentos en contra
– hoy uno necesita un ordenador sobre todo para el colegio: hacer deberes, buscar información – es importante quedar en contacto con amigos y conocer a gente nueva – un ordenador para toda la familia no basta – la televisión es vieja y no tiene DVD ni puede grabar películas	– la familia ya tiene un ordenador para todos / una tele que funciona bien y en la que se pueden ver casi todos los programas – pasar demasido tiempo frente al ordenador / la tele y no hacer nada más – chatear con los amigos o navegar por Internet todo el día – son muy caros

14 **b**

Hörtext	Lösungsvorschlag
Entonces, ¿qué quieres para Navidad?	Me gustaría tener un ordenador solo para mí. También me gustaría que compréis una nueva televisión.
¿Por qué? La televisión todavía funciona muy bien…	Sí, pero es bastante vieja. Ahora hay televisiones mucho más modernas con DVD, Blue-Ray y todo…
Lo siento, pero no creo que necesitemos algo así.	¡Claro que sí! Podrías grabar tus programas favoritos o las noticias para papá. Creo que os gustaría mucho.
Bueno, pero pienso que ya pasáis demasiado tiempo delante de la tele.	No, no lo veo así. Además podríamos ver DVDs toda la familia. Pienso que es mucho más barato que ir al cine.
Mmmh, eso sí es verdad. Lo vamos a pensar. ¿Cuál era el otro deseo?	Un ordenador para mí solo.
Oye, sabes que un ordenador es muy caro…	Sí, ya lo sé. Pero de verdad lo necesito, no solo para buscar cosas en Internet o hablar con mis amigos, sino también para hacer mis deberes.
¿Pero por qué tienes que chatear con tus amigos por la noche? Ya los ves todos los días.	Pues, estamos hablando sobre los deberes o sobre qué vamos a hacer el fin de semana. Es mucho más barato que hablar por teléfono. Además, puedo hablar con mis amigos en México y Argentina y conocer a gente nueva.
Puedes usar el ordenador que tenemos. Este sí es moderno. No entiendo el problema.	¡¿Moderno?! No, mamá, no lo es… Además, es que un ordenador para toda la familia no basta. Vosotros tenéis que escribir e-mails, pagar cuentas y Juana siempre está navegando o chateando…
Sí, te entiendo. Pero tú también tienes que entender que no podemos regalarte un ordenador. Es demasiado caro.	Sí, lo sé que cuesta mucho. ¿Qué os parece si yo pago una parte?
Es una buena idea.	De acuerdo. Podríamos ir a comprarlo juntos.
¡Vale!	

ENCUENTROS 2

EDICIÓN 3000 MÉTODO DE ESPAÑOL

Klassenarbeitstrainer / Schulaufgabentrainer

für Schülerinnen und Schüler
mit Lösungen und Lerntipps

Cornelsen

Encuentros 2 Edición 3000
Klassenarbeitstrainer/Schulaufgabentrainer
für Schülerinnen und Schüler, mit Lösungen und Lerntipps

Im Auftrag des Verlages erarbeitet von:
Christina Weber-Bleyle und Jana Prunu

Projektleitung: Heike Malinowski
Redaktion: Ute Gebel
Bildassistenz: Ulrike Schick

Gesamtgestaltung und technische Umsetzung:
graphitecture book & edition
Umschlaggestaltung: werkstatt für gebrauchsgrafik, Berlin
Illustration: Rafael Broseta, Laurent Lalo (S. 52, 71, 72)
Karte: Dr. Volkhard Binder (S. 50)

Umschlagfoto: Matthias Höppener-Fidus

Bildquellen:
Fotos: © 123RF/rcaucino: 09 oben – © 123rf/Tomas Hajek: 43 links – © Colourbox: 32 – © Digitalstock/P. Lange: 26 (3) – © Fotolia.com: 62 rechts – © Fotolia.com/anapa: 26 (5) – © Fotolia.com/stéphane MUTZENBERG: 09 unten – © Fotolia.com/Carlito: 80 links unten – © Fotolia/amiganer: 26 (1) – © Fotolia/beerkoff: 29 – © Fotolia/rcaucino: 13 (1) – © iStockphoto/andres balcazar: 30 – © iStockphoto/Dario Egidi: 81 rechts – © iStockphoto/Ivan Montero: 62 2. von links – © iStockphoto/kelvinjay: 13 (4) – © iStockphoto/LeoGrand: 08 – © iStockphoto/Michael Bodmann: 26 (6) – © iStockphoto/mustafa deliormanli: 62 links – © iStockphoto/Pawel Gaul: 13 (3) – © iStockphoto/p-pix: 43 rechts – © iStockphoto/VikramRaghuvanshi: 18 (a) – © iStockphoto/wsfurlan: 62 2. von rechts – © panthermedia/Dario Sabljak: 81 2. von links – © panthermedia/Erik Reis: 18 (2) – © panthermedia/Ann Dudko: 13 (8) – © panthermedia/madmaxer 81 2. von rechts – © panthermedia/Markus Lenz: 13 (2) – © panthermedia/Martina Berg: 18 (e) – © panthermedia/Michael Osterrieder: 81 links – © panthermedia/Philip Lange: 13 (5) – © panthermedia/Tatjana Balzer: 13 (7) – © shutterstock.com/Alvaro German Vilela: 80 rechts oben – © shutterstock.com/Marques: 80 rechts unten – © shutterstock.com/Pavel L Photo and Video: 80 links oben – © shutterstock/Chiyacat: 26 (2) – © shutterstock/fritz16: 13 (6) – © shutterstock/glenda: 18 (f) – © shutterstock/Ina Raschke: 10 – © shutterstock/Karkas: 26 (4) – © shutterstock/lev dolgachov: 18 (1) – © shutterstock/Pojoslaw: 18 (d) – © shutterstock/Rido: 24 – © shutterstock/servantes: 18 (4) – © shutterstock/Yuri Arcurs : 18 (3) – © veer/darrinhenry: 18 (c)
© Alamy/Mirrorpix/Trinity Mirror: 39 – © REUTERS/Enrique Castro-Mendivil: 18 (b)
Grafik: © Diseño RaRo S.L.: 49, 80 – © Geschenke der Hoffnung: 28

Symbole und Verweise

- 🎧2 Hörverstehen/Tracknummern
- ◎ Differenzierungsaufgabe (leicht)
- ● Differenzierungsaufgabe (schwer)
- ▶ Verweis auf Schülerbuch

www.cornelsen.de

1. Auflage, 1. Druck 2013

Alle Drucke dieser Auflage sind inhaltlich unverändert
und können im Unterricht nebeneinander verwendet werden.

Druck: H. Heenemann, Berlin

ISBN 978-3-06-021436-5

Inhalt gedruckt auf säurefreiem Papier aus nachhaltiger Forstwirtschaft.

INHALTSVERZEICHNIS

INHALTSÜBERSICHT DER AUDIO-CD

Hier findest du die Titel der Audio-CD mit den Track-Nummern. Die angegebene Seitenzahl verweist auf die Seite im Klassenarbeitstrainer/Schulaufgabentrainer, auf der die entsprechende Aufgabe abgedruckt ist.

VORWORT

KLASSENARBEIT? KEIN PROBLEM FÜR DICH!

Liebe Schülerin, lieber Schüler,

dieser Klassenarbeitstrainer/Schulaufgabentrainer unterstützt dich darin, deiner nächsten Klassenarbeit in Spanisch gelassen entgegen zu sehen! Du findest zu jeder der sechs *Unidades* deines Spanischbuchs zwei Übungsklassenarbeiten, mit denen du alle Fertigkeiten trainieren kannst. Nach der dritten und der sechsten *Unidad* findest du außerdem jeweils eine mündliche Prüfung mit einem Monolog- und einem Dialogteil.

WIE LERNST DU ERFOLGREICH MIT DEINEM KLASSENARBEITS-/SCHULAUFGABENTRAINER?

Vorbereitung
Informiere dich rechtzeitig über die Themen und Schwerpunkte der kommenden Klassenarbeit. Lege dir in einem Lernplan fest, welche Aufgaben du wann bearbeiten willst. Plane dafür genügend Zeit ein. Hole dir bei Unklarheiten Hilfe bei deinem Lehrer oder deiner Lehrerin. Du kannst ihm oder ihr auch den Klassenarbeitstrainer/Schulaufgabentrainer zeigen: Er oder sie kennt deine Stärken und Schwächen im Spanischen ganz genau und kann dir sagen, welche Aufgaben für dich persönlich besonders wichtig sind. Am Tag vor der Arbeit wiederholst du nur kurz.

Lernhefter
Führe einen Lernhefter für Schreibaufgaben. Achte auf die Übersichtlichkeit (Datum, Überschrift, Aufgabe, Seite). Trage hier auch die Berichtigung deiner Fehler ein und hebe die verbesserte Stelle farblich hervor. Schreibe dabei immer ganze Sätze.

Leichtere und schwierigere Übungen
Bei vielen Aufgaben kannst du zwischen leichten ○ und schwierigeren Übungen ● wählen. Wenn du dich schon sicher fühlst, wähle die schwierigere Aufgabe ●. Du kannst natürlich auch beide Aufgaben lösen, um ein Thema besonders zu üben.
Bei anderen Aufgaben gibt es eine Hilfestellung ○, die du vor dem zweiten Teil der Aufgabe ● lösen kannst. Benötigst du keine Hilfe, dann lass den ersten Teil ○ einfach weg.

Lösungsheft und Punkteschlüssel
Vergleiche deine Lösungen mit den möglichen Lösungen im Lösungsheft. Addiere deine Punktzahl und entnimm deine Note der Tabelle auf S. 82. Sei dabei ehrlich, denn wenn du schummelst, beschummelst du nur dich selbst. Mit der Note kannst du deine eigene Leistung einschätzen. Beachte aber, dass dein Lehrer oder deine Lehrerin möglicherweise einen anderen Bewertungsmaßstab zugrunde legt!
Streiche dir deine Fehler mit einem farbigen Stift an und korrigiere sie bzw. ergänze fehlende Elemente. Überlege, was du falsch gemacht hast und trage die Fehlerquelle in eine von dir selbst erstellte Tabelle ein. Nur so kannst du Fehler in Zukunft vermeiden. Im Anhang findest du auf S. 83 noch weitere Tipps dazu.
Im Lösungsheft sind auch die Hörtexte abgedruckt. Ein Inhaltsverzeichnis der CD findest du auf S. 4.

Übrigens: Die Klassenarbeiten in diesem Heft prüfen das Gelernte sehr ausführlich ab. Du brauchst daher für die Bearbeitung länger als eine Schulstunde. Natürlich kannst du dir die Klassenarbeiten auch auf einzelne Tage aufteilen oder bestimmte Aufgaben ganz gezielt üben.

Viel Erfolg!

Christina Weber-Bleyle und Jana Prunu

KLASSENARBEIT A

_____/ 69,5 Punkten

COMPRENSIÓN AUDITIVA | HÖRVERSTEHEN

_____/ 6 Pkt.

2 **1 a** ¿Dónde trabajaron los cinco jóvenes? Escucha el texto y relaciona los dibujos con los chicos. Escribe el nombre correcto debajo de cada dibujo. ¡Ojo! Sobra un dibujo.

1

____

2

____

3

____

4

____

5

____

6

____

2 **b** Lee las frases. Luego vuelve a escuchar el texto y marca si las frases son correctas (C), falsas (F) o si la información no está en el texto (*no está*).

_____/ 10 Pkt.

	C	F	no está
1. A Jesús le gustó el trabajo sobre todo por el contacto con los turistas.	☐	☐	☐
2. El año que viene Jesús quiere aprender inglés y alemán.	☐	☐	☐
3. Lourdes siempre olvidaba poner las mesas.	☐	☐	☐
4. Para Lourdes el trabajo era tan aburrido que después de pocos días lo dejó.	☐	☐	☐
5. Roberto se lo pasó muy bien.	☐	☐	☐
6. No ganó mucho dinero y por eso el año que viene quiere trabajar en otro lugar.	☐	☐	☐
7. Verónica cuenta que su trabajo fue muy interesante y que era perfecto para ella.	☐	☐	☐
8. Verónica se lo pasó muy bien con los turistas.	☐	☐	☐
9. Ana María dice que en muchos hoteles grandes hay un programa para niños.	☐	☐	☐
10. Ana María piensa que los profesores ganan muy poco dinero.	☐	☐	☐

VOCABULARIO | WORTSCHATZ

2 Elige la actividad a o b. ____/5 Pkt.

a ¿Cómo se llaman estas tiendas? Apunta los sustantivos con el artículo debajo de los dibujos y explícalos con otras palabras como en el ejemplo.

1

En esta tienda puedes comprar pantalones y camisetas. ______

la tienda de ropa

4

______

______

2

______

______

5

______

______

3

______

______

6

______

______

b Encuentra el antónimo de cada palabra y forma parejas.

reírse el campo la impaciencia menos que feo/-a viejo/-a aquel en aquellos años llorar guapo/-a funcionar este aburrirse hoy en día la ciudad la paciencia más que divertirse joven estar roto/-a

______ ≠ ______ ______ ≠ ______

______ ≠ ______ ______ ≠ ______

______ ≠ ______ ______ ≠ ______

______ ≠ ______ ______ ≠ ______

______ ≠ ______ ______ ≠ ______

GRAMÁTICA | GRAMMATIK

3 **Mónica escribe una redacción sobre cómo era su vida cuando tenía cinco años. Escribe el texto en tu cuaderno. Usa el pretérito imperfecto y los diferentes marcadores temporales.**

_____ / 4 Pkt. (8 x 0,5 Pkt.)

siempre entonces a veces en aquellos años

1. *pasar* los fines de semana en casa de los abuelos

2. *ser* una niña muy divertida

3. *jugar* con otros niños en la calle

4. *acostarse* a las ocho de la noche

5. *mirar* libros

6. *vivir* (nosotros) en un pueblo pequeño

7. *ayudar* a mi madre

8. *ir* (nosotros) a la playa por las tardes

4 **Jorge le escribe un e-mail a un amigo y le cuenta qué le pasó ayer. Completa el texto con el pretérito indefinido o el pretérito imperfecto.**

_____ / 10,5 Pkt. (21 x 0,5 Pkt.)

Para:
Asunto:

Hola Esteban: Ayer fue un día horrible. __________ (*Querer*) quedar con unos amigos. Cuando __________ (*salir*) a la calle, __________ (*hacer*) sol. __________ (*Tener* que) correr porque ya __________ (*ser*) tarde. Sin embargo, cuando __________ (*llegar*) a la playa ya no __________ (*haber*) nadie. __________ (*Estar*) triste y __________ (*volver*) a casa. __________ (*Estar*) en el centro de la ciudad y de repente __________ (*empezar*) a llover. __________ (*Sentarse*) en una parada[1] de bus. __________ (*Haber*) mucha gente, pero de repente __________ (*ver*) a la chica más guapa del mundo. __________ (*Querer*) acercarme a ella para hablarle cuando __________ (*llegar*) el bus. __________ (*Bajarse*) mis amigos y __________ (*ponerse*) muy felices de verme. La chica __________ (*acercarse*) a uno de mis amigos ¡y entonces __________ (*ver* / yo) que __________ (*ser* / ella) su novia! Un saludo, Jorge

1 la parada *die Haltestelle*

5 **¿Dónde quieres pasar las vacaciones: en la playa o en las montañas? Escribe frases con *más…que* (+), *tan…como* (=) y *no tan…como* (–).**

___/3 Pkt. (6 x 0,5 Pkt.)

1. las vacaciones en la montaña / **(+) tranquilo/-a** / las vacaciones en la playa

____

2. tomar el sol / **(–) agotador** / hacer senderismo

____

____

3. la vida en las montañas / **(+) tranquilo/-a** / la vida en la playa

____

____

4. la playa / **(–) interesante** / el paisaje

____

5. pasar las vacaciones en la montaña / **(=) caro/-a** / pasar las vacaciones en la playa

____

6. quedarse en casa en las montañas / **(–) divertido/-a** / salir con otros turistas por la noche

____

6 **Completa el texto sobre Mallorca con la forma correcta de *tanto/-a*.**

___/6 Pkt. (12 x 0,5 Pkt.)

Mallorca es uno de los lugares turísticos más famosos de España y por eso hoy en día hay ______________ discotecas, ______________ bares y ______________ restaurantes en la isla. ¡Hay ______________ marcha! También hay ______________ cosas que ver pero muchos turistas pasan ______________ tiempo en la playa que no conocen bien la isla. Como ______________ personas comen ______________ comida, compran ______________ ropa y gastan ______________ dinero para pasárselo bien siempre hay ______________ gente que encuentra trabajo en la isla – y además vienen ______________ personas del extranjero para trabajar en Mallorca. A muchos de ellos el verano mallorquín les gusta tanto que vienen cada año.

MEDIACIÓN | SPRACHMITTLUNG

7 En la entrada del Parc Natural de s'Albufera te dan este folleto. Lee el texto y explícales a tus padres qué dice sobre:

– los datos más importantes
– el horario de hoy (30 de abril)
– las reglas

_____/15 Pkt.

Parc natural de s'Albufera de Mallorca

DATOS DEL PARQUE

- parque natural protegido desde el 28 de enero de 1988
- situado en el norte de la isla
- zona protegida: 16 km^2
- 1,65 km de costa
- 400 plantas[1] diferentes
- 271 especies de pájaros
- 29 especies de peces[2]

HORARIOS

El parque está abierto todos los días de la semana desde las 9 hasta las 18 horas entre el 1 de abril y el 30 de septiembre, y desde las 9 hasta las 17 horas entre el 1 de octubre y el 31 de marzo.

Cada año, más de 120.000 personas visitan el parque. Por eso es importante respetar las reglas:

- No darles de comer a los animales.
- Está prohibido hacer picnics. Por favor, ven a nuestro restaurante para comer algo.
- No coger plantas.
- No dejar basura[3] en el parque.
- Está prohibido gritar y hablar por teléfono.
- Está prohibido hacer fuego[4].

1 la planta *die Pflanze* **2** el pez *der Fisch* **3** la basura *der Müll* **4** el fuego *das Feuer*

EXPRESIÓN ESCRITA | TEXTPRODUKTION

8 Estás con un grupo de jóvenes en Grecia[1] donde pasas dos semanas de vacaciones. Le vas a escribir una postal[2] a un amigo en España. Elige la actividad **a** o **b**. ____/10 Pkt.

○ **a** Escribe la postal con ayuda de las siguientes expresiones.

ir a la playa · *pasear* por el centro · *hacer* sol/calor · *conocer* a mucha gente · *comer* comida típica · *ir* a ver monumentos · me *gustar* mucho porque… · …

● **b** Escribe la postal y cuéntale a tu amigo algo sobre:
- lo qué hicisteis.
- cómo era el tiempo.
- cómo era el grupo de jóvenes.
- si te gustó el viaje y por qué.

1 Grecia *Griechenland* 2 la postal *die Postkarte*

KLASSENARBEIT B

_____/78,5 Punkten

COMPRENSIÓN LECTORA | LESEVERSTEHEN

Problemas del turismo[1]

Marco Hernández, oficina de turismo en Las Palmas, Mallorca

Turismo hoy: Señor Hernández, usted siempre habla de los problemas que hay por el turismo. ¿Cuáles son estos problemas?

M. Hernández: El problema más grande es la destrucción[2] del paisaje. Hay tantos hoteles cerca del mar, que la costa hoy en día es bastante fea. Estos lugares antes eran pueblos pequeños bonitos... Pero ahora ahí ya no viven españoles, en estos centros solo hay turistas. Muchos hoteles solo están llenos en verano porque en invierno vienen menos turistas, y entonces, ¿qué hacemos con todos los hoteles entre noviembre y marzo? Además, hoy en día vienen tantos turistas que en verano no tenemos suficiente agua, esto también es un problema muy grande.

Turismo hoy: Por lo que dice, entonces, ¿no le gusta el turismo?

M. Hernández: Bueno, a mí también me gusta viajar[3] y conocer el mundo. Además, necesitamos el turismo porque es muy importante para el país. Los turistas traen[4] dinero y miles de españoles encuentran trabajo en hoteles, restaurantes o tiendas. Pero no me gusta el turismo de masas[5].

Turismo hoy: ¿Qué propone usted?

M. Hernández: España tiene mucho que ofrecer[6] a los turistas. Tenemos paisajes estupendos – lugares perfectos para hacer deporte o senderismo. Pero muy pocos turistas los conocen, la mayoría siempre se queda en la costa. Mallorca, por ejemplo, es una isla con picos altos, pueblos bonitos y muy tranquilos. Además, los turistas pueden pasar sus vacaciones en los hoteles pequeños de la ciudad. Así pueden visitar los monumentos, los cafés y conocer a los españoles y su cultura. Van a saber que somos personas muy majas e interesantes, que tenemos una cocina estupenda y que Mallorca, o España, es mucho más que solo sol, playa y mar.

Turismo hoy: Muchas gracias, señor Hernández.

1 el turismo *der Tourismus*
2 la destrucción *die Zerstörung*
3 viajar *reisen*
4 traer *bringen*
5 el turismo de masas *der Massentourismus*
6 ofrecer *bieten*

1 Vas a leer una entrevista sobre el turismo en Mallorca. ¿Necesitas ayuda? Haz primero el ejercicio a. _____/8 Pkt.

O **a** Lee el texto. ¿En qué líneas Marco Hernández menciona los siguientes temas?

tema	**línea**	**tema**	**línea**
los hoteles	_____	el deporte	_____
el agua	_____	los cafés	_____
los turistas en la playa/costa	_____	la cultura	_____
el senderismo	_____	los pequeños hoteles	_____

b Lee el texto (otra vez) y marca las fotos con [+] (*le gusta*) o [–] (*no le gusta*).

1 ☐

2 ☐

3 ☐

4 ☐

5 ☐

6 ☐

7 ☐

8 ☐

2 **Lee el texto otra vez y completa las frases. A veces hay más de una repuesta correcta.** ____/10 Pkt.

1. Miguel Hernández piensa que el turismo es bueno para España porque
   - [a] los turistas traen mucho dinero.
   - [b] por el turismo hay mucho trabajo.
   - [c] hay hoteles nuevos en la costa.
2. Solo el turismo de masas no le gusta porque
   - [a] los hoteles están siempre llenos.
   - [b] mucha gente hace senderismo.
   - [c] hay lugares donde ya no viven españoles, solo turistas.
3. Otro problema muy grande es
   - [a] la música alta.
   - [b] que no hay suficiente agua.
   - [c] que los turistas no hablan español.
4. Mallorca tiene
   - [a] pueblos muy tranquilos.
   - [b] picos altos.
   - [c] ciudades grandes.
5. Los turistas pueden
   - [a] hacer senderismo y deporte.
   - [b] visitar pequeños pueblos.
   - [c] vivir lejos de los españoles en las montañas.
6. En la ciudad, los turistas pueden
   - [a] ir al cine o al teatro.
   - [b] visitar los monumentos y cafés.
   - [c] conocer la cultura española.

VOCABULARIO | WORTSCHATZ

3 **3** **Escucha el texto y complétalo con los números en cifras.** ____/ 6,5 Pkt. (13 x 0,5 Pkt.)

En el año ____________, Mallorca tenía solo 173.987 habitantes. Hoy en día tiene ____________ habitantes y de ellos ____________ viven en Palma. A muchas personas, Mallorca les gusta tanto que quieren pasar su vida allí y no solo las vacaciones. Por eso, ____________ habitantes son extranjeros. ____________ de ellos son alemanes y ____________ ingleses. El turismo es muy importante para Mallorca y cada año vienen más turistas: en el año ____________, la isla recibió 360.000 turistas, en el año ____________ ya eran más de dos millones. En el año ____________, 9,9 millones de turistas visitaron

Mallorca, ________________ millones de ellos eran alemanes. Los turistas vienen todo el año y no solo en verano. En diciembre y enero, por ejemplo, dos meses muy fríos en Alemania, hace entre ________________ y ________________ grados, y hay ________________ horas de sol.

GRAMÁTICA | GRAMMATIK

4 **Mercedes de niña vivía en Mallorca. 50 años más tarde vuelve a la isla para visitar a su amiga Carmen. ¿Qué dicen? Escribe las frases con el pretérito imperfecto.**

____/4 Pkt. (8 x 0,5 Pkt.)

Carmen: Hoy hay una carretera entre Sóller y Palma.

Mercedes: Ya lo veo. Antes había un tren. ________________

haber – antes – un tren

Carmen: Hoy en día solo los turistas van en tren.

Mercedes: ________________

la gente – entonces – *ir* – todo/-a – tren – en

Carmen: Mira, hoy hay muchas tiendas en Sóller: una farmacia, Correos y un supermercado.

Mercedes: ________________

solo – y – en los años cincuenta – un estanco – una frutería – *haber* Claro, y el mercado.

Carmen: Mira, en los restaurantes y tiendas mucho está escrito en español y en catalán.

Mercedes: Sí, es verdad. ________________

en la época de Franco – hablar catalán – *estar* prohibido

____

siempre – *tener* (nosotros) – miedo

Carmen: También la gente es muy diferente. Hoy la mayoría de los niños puede jugar todo el día.

Mercedes: ________________

me acuerdo de que antes – ayudar – a nuestros padres y abuelos – *tener* que (nosotros) – mucho

Carmen: Hoy, los niños también pasan mucho tiempo delante de la tele.

Mercedes: ________________

estar – entonces – afuera – los niños – siempre

____

tele – no – *haber*

Carmen: Ay, ¡tanta gente! Hoy en día hay muchos turistas en la isla, sobre todo en verano.

____

no *haber* – antes – casi – turistas

5 ¿Qué dicen los chicos? Completa con *este*, *ese* o *aquel*.

___/6 Pkt.
(12 x 0,5 Pkt.)

Mira, Elena, ¿te gusta ________________ falda?

No, ________________ no me gusta tanto, pero ________________ falda ahí es muy bonita. Y tú, ¿qué piensas de ________________ camiseta allí?

Un kilo de ________________ plátanos, por favor. Ah, y ¿cuánto cuestan ________________ naranjas?

¿Es ________________ el coche de tu hermano?

No, es ________________ ahí. ¿Ves ________________ coche de nuestro vecino? Me gusta mucho. Un día me lo voy a comprar también.

________________ es Juan, mi hermano. A ver, y ________________ chico rubio es mi primo Alejandro y ________________ chica que lleva la camiseta roja es su novia, se llama Teresa.

6 **Sebastián les cuenta a sus amigos qué hizo en las vacaciones. Subraya la forma correcta del verbo.**

___/8 Pkt.
(16 x 0,5 Pkt.)

El mes pasado **pasaba / pasé** en casa de mis tíos que tienen un hotel en Mallorca. Siempre **había / hubo** tantas cosas que hacer. **Ayudaba / Ayudé** en el hotel de mis tíos para ganar un poco de dinero. **Trabajaba / Trabajé** todos los días desde las nueve de la mañana hasta la una. Después casi siempre **iba / fui** a la playa para jugar al voleibol con los turistas. A muchos ya los **conocía / conocí** del hotel. **Era / Fue** muy divertido. La mayoría de ellos

eran / **fueran** simpáticos. A veces **tenía** / **tuve** un día libre. Un día **iba** / **fui** a Palma para comprar regalos para mi familia. Por la noche **salía** / **salí** con unos amigos. Primero me **llevaban** / **llevaron** a un restaurante para cenar y después **íbamos** / **fuimos** a una discoteca. Me **gustaba** / **gustó** mucho. También **pasaba** / **pasé** un fin de semana en Menorca con mis primos. ¡**Era** / **Fue** un tiempo estupendo! Sin embargo, estoy contento de estar aquí otra vez.

7 **¿Qué es lo que más te gusta? Escribe frases con *el/la...que más me gusta* o *el/la...más/menos* + adjetivo.** ____/6 Pkt.

Ejemplo:

1. + el día de la semana El día de la semana mas divertido / que más me gusta es... ____
2. + el lugar de vacaciones ____
3. – el deporte ____
4. + la tienda de ropa ____
5. – la asignatura ____
6. – la ciudad ____
7. + la telenovela ____

MEDIACIÓN | SPRACHMITTLUNG

8 **Estás de vacaciones en Mallorca con tu padre. El segundo día de vuestro viaje vais a la oficina de turismo en Palma. Ayuda a tu padre que no habla español.** ____/15 Pkt.

Angestellte: Buenos días. ¿En qué les puedo ayudar?

Dein Vater: Wir würden gerne in die Berge fahren. Frag sie mal, wo man denn hier gut bergwandern kann.

Du: ____

Angestellte: Si les gusta hacer senderismo tienen que ir al noroeste de la isla. En la Sierra de Tramontana hay dos picos muy altos, uno es el Puig Major con 1.445 metros de altura, el otro el Puig de Massanella con 1.365 metros.

Du: ____

____

____

Dein Vater: Das hört sich doch gut an. Was kann man noch machen?

Du: ____

Angestellte: Hay un parque natural, se llama el Parc natural de s'Albufera y está en el norte de la isla. Es una zona protegida y allí viven más de 200 especies de pájaros.

Du: ____

____

Dein Vater: Nein, Vögel interessieren mich nicht so. Gibt es nicht noch was anderes?

Du: ____

Angestellte: En el este de la isla hay varias cuevas[1] por ejemplo las «Cuevas del Drac» o las «Cuevas d'Artà».

Du: ____

Dein Vater: Das ist gut, oder? Da fahren wir hin. Frag sie mal, ob sie uns erklären kann, wie man dorthin kommt.

Du: ____

Angestellte: Por supuesto. Mira, ...

1 la cueva *die Höhle*

EXPRESIÓN ESCRITA | TEXTPRODUKTION

9 **Cuando Adrián y Alberto regresan a casa, Adrián habla con Doña Inés, la vecina. Hablan sobre cómo era la vida cuando ella era pequeña y cómo es la vida hoy. Ella piensa que antes la vida era más difícil, pero le gustaba más que hoy. Escribe el diálogo.** ____/15 Pkt.

el móvil la tele el ordenador los coches el tren ...

____

____

____

____

____

____

____

____

____

____

KLASSENARBEIT A

____ / 59 Punkten

COMPRENSIÓN AUDITIVA | HÖRVERSTEHEN

4 Vas a escuchar cuatro jóvenes que hablan sobre proyectos sociales.
¿Necesitas ayuda? Haz primero el ejercicio a.

____ / 6 Pkt.

a ¿Qué ves en las fotos a–f? Descríbelas con una frase.

a) ______________________ d) ______________________

b) ______________________ e) ______________________

c) ______________________ f) ______________________

4 **b** Escucha la entrevista de la radio y escribe la letra del proyecto en la casilla correspondiente.

1 ☐

Rosario

2 ☐

Alba

3 ☐

Daniel

4 ☐

Diego

a

b
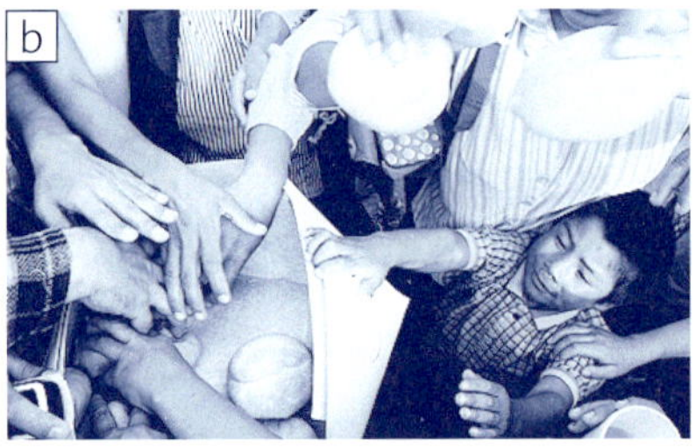

c

d

e

f

4 **2** Vuelve a escuchar la entrevista y completa las frases.

____ / 8 Pkt.
(4 x 2 Pkt.)

1. **Rosario:** «Soy solidaria porque ______________________.»
2. **Alba:** «Mandamos dinero a un proyecto porque ______________________.»
3. **Daniel:** «No ayudo porque ______________________.»
4. **Diego:** «Voy a Perú porque ______________________.»

VOCABULARIO | WORTSCHATZ

3 ¿Qué hacen las personas? Completa las frases con *poner* o *ponerse*.

____/3 Pkt. (6 x 0,5 Pkt.)

1

Elena ____________________ la mesa.

2

Ana ____________________ roja.

3

¡No ____________________ así!

4

Jorge ____________________ su música favorita.

5

Maribel no sabe qué jersey ____________________.

6

La abuela ____________________ al teléfono.

GRAMÁTICA | GRAMMATIK

4 Elige la actividad **a** o **b**.

____/5 Pkt. (10 x 0,5 Pkt.)

O **a** Antonio hoy no tiene ganas de hacer nada. ¿Qué le dicen su angelito[1] y su diablillo[2]? Completa las frases con el imperativo positivo o negativo.

¡________________ (*Poner*) atención en clase! ¡No ________________ (*poner*) atención en clase!

¡________________ (*Contestar*) las preguntas del profe! ¡No ________________ (*contestar*) las preguntas del profe!

¡________________ (*Hacer*) tus deberes! ¡No ________________ (*hacer*) tus deberes!

¡________________ (*Estudiar*) en casa! ¡No ________________ (*estudiar*) en casa!

¡________________ (*Leer*) un libro! ¡No ________________ (*leer*) un libro!

1 el angelito *das Engelchen* **2** el diablillo *das Teufelchen*

● **b** El próximo fin de semana los padres de María van a visitar a sus amigos en Salamanca. María se queda sola en casa. Claro que, antes de irse, sus padres le dan una lista con cosas que tiene que hacer y cosas que no debe hacer. Escribe diez frases. Usa el imperativo positivo y negativo.

¡No!	¡Sí!
1. *hacer* una fiesta	8. *hacer* los deberes
2. *volver* a casa después de las diez de la noche	9. *estudiar* para el examen de inglés
3. *jugar* al ordenador más de dos horas al día	10. *visitar* a la abuela
4. *ver* mucho la tele	
5. *hablar* por teléfono todo el día	
6. *comer* solo pizza	
7. *perder* las llaves de casa	

5 Maite le escribe una carta a su amiga. Completa la carta con los verbos en indicativo o en presente de subjuntivo.

_____ / 5,5 Pkt. (11 x 0,5 Pkt.)

terminar (2 x) ser (2 x) estudiar poder tener (2 x) empezar sacar estar

Querida Núria:

¿Cómo estás? De momento no estoy muy bien, ¡tengo tantas cosas que hacer que no sé por dónde empezar!

Ya te puedes imaginar de qué hablo: del colegio. Es seguro que estudiar __________ muy importante para la vida, pero ahora es demasiado. Mi profe de Historia quiere que __________ el proyecto lo más pronto posible, pero el profe de Inglés prefiere que primero __________ para el examen. Claro, ¡porque él cree que su asignatura ________________ más importante! Mis padres también piensan que ________________ que estudiar cada día para que ________________ buenas notas. Es demasiado.

Espero que todo el trabajo ________________ pronto porque no pienso que lo ________________ aguantar mucho más. Lo único que me gusta es que pronto ________________ las vacaciones de verano...

Espero que ________________ bien y que no ________________ tanto trabajo.

Un abrazo y saludos a tu familia. ¡Hasta pronto! Maite

6 **¿Qué dicen los chicos? Completa las frases con el pronombre posesivo adecuado.**

____/ 4,5 Pkt. (9 x 0,5 Pkt.)

1

Andrea: Mira, Isabel, ¿este cuaderno, es ________________?

Isabel: No, no es ________________. Déjame ver. Ah, sí. Pregúntale a Lidia, creo que es ________________.

2

Antonio: Mira esta foto. Esta es una amiga ________________ que ya conozco desde hace muchos años. Se llama Mercedes.

Enrique: Qué guapa. Y la casa que está en la foto, ¿es ________________ (de vosotros)?

Antonio: No, no es ________________ (de nosotros).

3

Celia: ¿Nos vemos esta tarde?

Verónica: Sí, claro.

Celia: Pues, ¿en qué casa quedamos? En la ________________ o en la ________________?

4

Roberto: ¿Tus padres te dejan ir a la fiesta de Rubén?

Enrique: Sí.

Roberto: Pues, los ________________ no me dejan.

MEDIACIÓN | SPRACHMITTLUNG

7 Un amigo tuyo español quiere acompañarte al centro juvenil. Lee el folleto y contesta sus preguntas.

____/12 Pkt.

1. ¿Cuánto tengo que pagar si voy a la clase de guitarra?

2. Tengo que escribir un e-mail a mi familia y también uno a mis amigos en España. ¿Puedo hacerlo allí también?

3. ¿Qué deportes puedo hacer y cuándo?

4. ¿También les puedo preguntar a otros amigos españoles de mi clase si quieren venir?

Jugendclub SCHEUNE

Du bist zwischen 13 und 18 Jahre alt und hast viel Freizeit? Dann komm doch mal im Jugendclub SCHEUNE vorbei! Wir haben jeden Tag von 15 bis 20 Uhr geöffnet (außer sonntags) und viele interessante Angebote: Bei uns kannst Du ein Instrument lernen, Sport machen, Freunde treffen und vieles mehr!

Außerdem haben wir eine eigene Bibliothek sowie Computer mit Internetzugang.
Das alles ist natürlich kostenlos! Bitte melde dich aber für die Musik- und Tanzkurse auf unserer Internetseite oder direkt im Club an.
Komm vorbei, wir freuen uns auf dich!

Programm

	Montag	Dienstag	Mittwoch	Donnerstag	Freitag	Samstag	Sonntag
15–16h	Gitarre mit André	Chor mit Alena				Volleyball mit Sebastian	geschlossen
16–17h	Basketball (Mädchen)	Basketball (Jungen)	Theaterprobe		Chorprobe mit Alena	Volleyball mit Sebastian	
17–18h	Theaterprobe		Tischtennis (Fortgeschrittene)	Tanzen mit Marisa	Gitarre mit André	Theaterprobe	
18–19h	Tanzen mit Marisa	Fußball mit Micha	Tischtennis (Anfänger)	Basketball (Jungen)	Basketball (Mädchen)		
19–20h	DVD (Raum 387)	Fußball mit Micha	DVD (Raum 387)		DVD (Raum 387)	DVD (OmU) (Raum 387)	

EXPRESIÓN ESCRITA | TEXTPRODUKTION

8 Tú también quieres participar en un proyecto, pero tu familia y tus amigos no entienden porque quieres pasar tanto tiempo en el proyecto. Elige la actividad a o b. ____/15 Pkt.

○ **a** Explícales las razones que tienes. Puedes usar las siguientes expresiones para escribir el texto.

creo que pienso que prefiero que (no) me gusta que espero que
me parece interesante/importante que es necesario/importante que (no) me importa que quiero que

● **b** Explícales las razones que tienes y escribe un texto de al menos 15 frases.

KLASSENARBEIT B

_____ / 56,5 Punkten

COMPRENSIÓN LECTORA | LESEVERSTEHEN

Más jóvenes trabajan en proyectos sociales[1]

Cada año hay más jóvenes que quieren participar en proyectos sociales. En los primeros meses de 2012, el 61 % de los madrileños que buscaban un proyecto, eran jóvenes entre 16 y 18 años. La mayoría se interesa[2] por trabajar en proyectos de apoyo escolar[3] o de actividades de tiempo libre. Muchos quieren participar en proyectos internacionales, sobre todo en los meses de verano.
¿Por qué a los jóvenes españoles les interesan tanto los proyectos? ¿Será que son tan solidarios?
Alumnos de un instituto madrileño trabajaron en una organización[4] que ayuda a personas sin hogar. Álvaro cuenta de sus experiencias[5]:

Álvaro, 17 años
«Al principio tenía una idea diferente de lo que era la organización, pensaba que solo daban de comer a la gente y ya está. Pero vi que de verdad se interesan por las personas. No solo les dan comida, ropa y un lugar para dormir. También los escuchan y los ayudan, por ejemplo, a buscar un trabajo o a empezar de nuevo. Aprendí que no importa tu ropa o tu corte de pelo, sino que lo único que importa es tu personalidad[6].»
A lo mejor, por eso los jóvenes españoles son solidarios: saben que pueden aprender algo y que participar en un proyecto es una experiencia de vida. Saben que no pueden cambiar el mundo, pero sí que pueden poner su granito de arena.

1 el proyecto social *das soziale Projekt*
2 interesarse *sich interessieren*
3 el apoyo escolar *der Nachhilfeunterricht*
4 la organización *die Organisation*
5 la experiencia *die Erfahrung*
6 la personalidad *die Persönlichkeit*

1 a Lee el artículo y marca si las frases son correctas (C), falsas (F) o si la información no está en el texto (*no está*). _____ / 6 Pkt.

	C	F	no está
1. Según el texto, los jóvenes españoles son unos pasotas.	☐	☐	☐
2. La mayoría de los jóvenes que participan en proyectos son chicas.	☐	☐	☐
3. Los jóvenes se interesan sobre todo por trabajar en proyectos con niños.	☐	☐	☐
4. Muchos jóvenes también quieren pasar unos meses en el extranjero.	☐	☐	☐
5. Las personas sin hogar solo necesitan comida, ropa y un lugar para dormir.	☐	☐	☐
6. Álvaro no sabía que en Madrid había tantas personas que viven en la calle.	☐	☐	☐

b Lee el artículo otra vez y relaciona las frases según el texto. Luego, pon las frases en el orden correcto. _____ / 8 Pkt.

☐ Para Álvaro, lo más importante es	a	s	pueden aprender algo.
1 Cada año hay más personas que	b	t	ayuda a las personas sin hogar.
☐ Álvaro trabajó en una organización que	c	u	ayudar en un proyecto social en otro país.
☐ Pero saben que no	d	v	buscar un trabajo.
☐ Los jóvenes son muy solidarios porque también	e	w	escuchar y ayudar a las personas sin hogar.
☐ La organización también los ayuda a	f	x	tiene entre 16 y 18 años.
☐ A muchos jóvenes también les interesa	g	y	quieren poner su granito de arena.
☐ La mayoría de los jóvenes españoles que participa en proyectos sociales	h	z	pueden cambiar el mundo.

VOCABULARIO | WORTSCHATZ

2 Marta está preparando una discusión sobre proyectos solidarios. Lee el texto y completa el crucigrama con los adjetivos correctos.

_____ / 4 Pkt. (8 x 0,5 Pkt.)

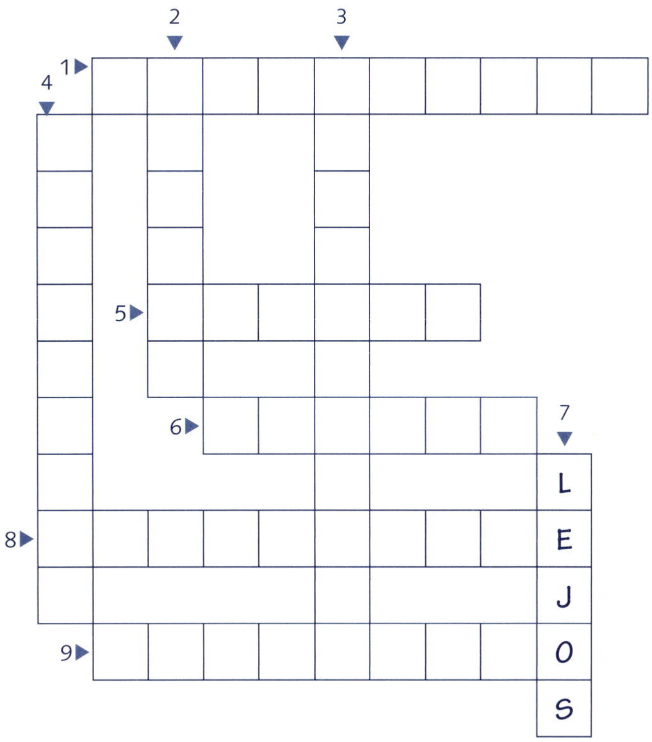

A veces, los problemas del mundo parecen estar muy [7] de nosotros, pero la injusticia [2] es un tema muy [5] también en nuestra ciudad. Yo creo que es [8] que no pasemos de los problemas de nuestros barrios. Pero para que cambie algo es [9] participar en proyectos. Muchos creen que los jóvenes somos unos pasotas y que somos [3] pero la verdad es que la mayoría de los jóvenes de hoy es muy [4]. Por ejemplo, un grupo de alumnos de nuestro instituto organiza actividades [1] antes de Navidad para ayudar a familias pobres y personas sin hogar. Y no lo hacen solo para sentirse [6] sino también para cambiar un poco el mundo.

GRAMÁTICA | GRAMMATIK

3 ¡Qué alegría! Cuando Eva se despierta el domingo por la mañana está muy feliz porque tiene mucho tiempo libre. Completa el texto o con el adjetivo o con el adverbio correspondiente.

_____ / 3,5 Pkt. (7 x 0,5 Pkt.)

normal bueno tranquilo solo práctico malo actual

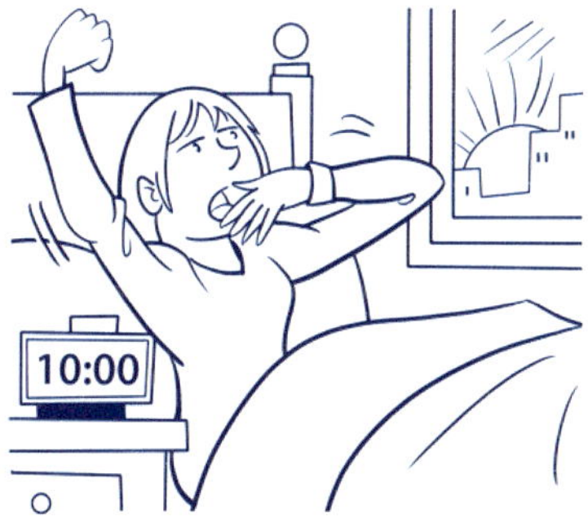

______________ Eva tiene que levantarse a las siete y salir corriendo para llegar al instituto a tiempo. Pero hoy es domingo. Ha dormido ______________ y se levanta a las diez. Puede ducharse y desayunar ______________ con su familia antes de pensar en lo que puede hacer en este día. ______________ tiene que estudiar mucho y todavía tiene que hacer los deberes, pero le quedan ______________ muy pocos y decide hacerlos más tarde. Entonces puede hacer ______________ todo. Llama a Paula y deciden ir de compras, al cine y encontrarse con sus amigos. Cuando vuelve a casa por la noche mira la tele con sus hermanos y se acuesta a las once. ¡Qué día más bonito! Pero duerme muy ______________ y a las tres de la noche se despierta: ¡Ha olvidado de los deberes!

4 Elige la actividad a o b.

_____ /3 Pkt.
(6 x 0,5 Pkt.)

○ **a Ana va a los Estados Unidos. Sus amigos y su familia le regalan muchas cosas para su viaje. Completa las frases con el subjuntivo.**

1. María le regala una tarjeta SIM para que la ____________________ (*llamar*).

2. Sus padres le regalan una cámara para que ____________________ (*sacar*) muchas fotos.

3. Su hermano le regala un libro para que ____________________ (*tener*) algo para leer.

4. Su abuela le regala un jersey para que no ____________________ (*sentir*) frío.

5. Mónica le regala un diario para que ____________________ (*poder*) escribir todo lo que le pasa.

6. Las chicas del equipo de fútbol le regalan unas fotos para que no se ____________________ (*olvidar*) de ellas.

● **b Carla va a Bolivia para trabajar en un proyecto solidario. La noche antes de su despedida habla con su amiga sobre lo que espera y lo que le da miedo. ¿Qué dice? Escribe seis frases con el subjuntivo.**

Espero que	la gente *ser* simpática.
No creo que	*pasar* algo.
No quiero que	mi móvil no *funcionar* en Bolivia.
Tengo miedo de que	mi novio me *echar* de menos.
	mis padres me *llamar* todos los días.
	me *venir* (tu) a visitar.

____

____

____

____

____

____

____

5 **a** ¿Qué dicen los chicos? Elige *lo que* o *que*. ____/3 Pkt. (6 x 0,5 Pkt.)

1

No entiendo **lo que / que** me quieres decir.

2

¿Cuál es la blusa **lo que / que** te quieres comprar?

3

Lo que / Que no me gusta son los meses de invierno.

4

Este es un libro **lo que / que** me gusta mucho.

5

¿Conoces al chico **lo que / que** trabaja en la tienda de ropa?

6

Es muy interesante **lo que / que** dice el profe, ¿no?

b **¿Qué te gusta, te encanta, te importa o te parece interesante? ¿Qué no te gusta o te preocupa? Escribe seis frases. Usa el pronombre relativo *lo que*.** ____/6 Pkt.

____

____

____

____

____

____

____

____

MEDIACIÓN | SPRACHMITTLUNG

6 Una amiga española tuya está de visita. Ve esta información en tu casa pero no la entiende. Explícale: ____/8 Pkt.

- qué proyecto es.
- para quién son los regalos.
- qué tienes que meter en la caja de zapatos.
- cuánto tiempo tienes para preparar la caja.

Jahr für Jahr beteiligen sich hunderttausende Kinder und Erwachsene in Deutschland an der Aktion „Weihnachten im Schuhkarton[1]®“, die Teil des internationalen Projekts „Operation Christmas Child®“ ist. Ziel der Aktion ist es, bedürftigen Mädchen und Jungen eine Weihnachtsfreude zu bereiten. Jedes Jahr werden so in über 100 Ländern Kinder in Not beschenkt. Die Pakete aus Deutschland werden vor allem an Kinder in Osteuropa verteilt. Allein 2012 kamen in den deutschsprachigen Ländern 490.868 Päckchen zusammen, weltweit waren es über 9 Millionen. Übrigens: Auch in Spanien werden Päckchen für die Aktion gepackt. Das Konzept ist einfach: Ein Schuhkarton wird mit neuen Dingen des täglichen Bedarfs gefüllt: kleine Geschenke, warme Kleidung, Hefte und Kugelschreiber für die Schule, aber auch Süßigkeiten. Der Aktionszeitraum ist von Anfang Oktober bis zum 15. November.

1 der Schuhkarton *la caja de zapatos*

EXPRESIÓN ESCRITA | TEXTPRODUKTION

7 Lees este texto en el blog de Ricardo, un chico méxicano. Tú, ¿qué piensas? ¿Cómo es en Alemania? Escribe tu respuesta. ____/15 Pkt.

21 de noviembre

Aquí en México, los jóvenes también ayudan mucho en proyectos solidarios. En la universidad, todos los estudiantes tienen que trabajar 250 horas en un proyecto. Podemos buscar uno que tenga que ver[1] con nuestros estudios: por ejemplo, un proyecto con niños, con actividades de música o de deporte. Claro que es mucho trabajo, pero para nosotros es normal, y tenemos que hacerlo para terminar la universidad. ¿Qué pensáis de esto?

Un saludo,

Ricardo

➤ **Responder**

(no) creo que (no) me parece que (no) pienso que opino que sé que

sin embargo además sino (que) porque pero no solo...sino también

1 que tenga que ver con... *das mit ... zu tun hat*

3 ¡SIENTE MÉXICO!

KLASSENARBEIT A

____/78 Punkten

COMPRENSIÓN AUDITIVA | HÖRVERSTEHEN

Cada día hay millones de personas que deambulan por las calles[1] de la capital de México. Entre ellas un tercio solo tienen 15 años o menos. ¿Cómo viven estos chicos y chicas en una de las ciudades más grandes del mundo?
Fernando Ruiz, nuestro periodista, fue al Zócalo, la plaza más grande e importante de la ciudad, para saberlo.

1 deambular por las calles *durch die Straßen streifen*

5 **1 a Lee las frases. Luego escucha el reportaje y ordénalas.** ____/6 Pkt.

- ☐ El Zócalo estaba lleno de gente.
- ☐ Encontró a una chica que vendía artesanías.
- ☐ Un grupo de personas se puso a bailar en la plaza.
- ☐ Habló con un chico sobre Veracruz.
- ☐ Fernando se sentó en una cafetería.
- ☐ Compró una figura[1].

1 la figura *die Figur*

5 **b Vuelve a escuchar el reportaje y marca si las frases son correctas (C) o falsas (F). Luego subraya los errores y corrige las frases falsas.** ____/14 Pkt.

	C	F
1. Era un sábado por la noche.	☐	☐
2. Había turistas que tomaban café.	☐	☐
3. Pidió pollo.	☐	☐
4. El chico del restaurante se llamaba Antonio.	☐	☐
5. Echaba de menos a su familia.	☐	☐
6. El chico era un fanático del béisbol.	☐	☐

7. La chica vendía ropa. ☐ ☐

___

8. Los mariachis tocaban canciones españolas. ☐ ☐

___

VOCABULARIO | WORTSCHATZ

2 **Cuando vuelve del instituto Ana ve un regalo en el salón de su piso. ¿En qué piensa? Completa las frases con *por* y *para*.** ____/5 Pkt. (10 x 0,5 Pkt.)

1. Me gustaría saber si el regalo es ________ mí o ________ mi hermano mayor.
2. Podría llamar a mi madre ________ teléfono ________ preguntarle si lo puedo abrir.
3. ¿Por qué mi hermano no se interesa ________ el regalo?
4. Me gustaría saber si mi madre fue al centro comercial ________ comprarlo o si lo compró ________ Internet.
5. Estoy tan nerviosa que no puedo hacer mis deberes ________ mañana.
6. Si el regalo es ________ mí, le voy a dar las gracias ________ el regalo.

3 **a** **Relaciona los verbos y sustantivos con las preposiciones correspondientes.** ____/3,5 Pkt. (7 x 0,5 Pkt.)

platicar	1	a	de
dar un paseo	2	b	a
interesarse	3	c	de
acostumbrarse	4	d	por
pelearse	5	e	por
saber mucho	6	f	con
tener que ver	7	g	por

b **Escribe siete frases en el pasado con las expresiones del ejercicio a.** ____/7 Pkt.

___

___

___

___

___

___

___

GRAMÁTICA | GRAMMATIK

4 En su blog, Marina escribe sobre la comida mexicana. Sustituye los adjetivos por superlativos absolutos.

_____ /3 Pkt. (6 x 0,5 Pkt.)

10 de junio de 2013 – La comida de México

La comida mexicana es ______________ (bueno/-a). Es ______________ (fácil) encontrar platos típicos, sobre todo en los mercados ______________ (lleno/-a) de gente ______________ (simpático/-a) o también en los puestos que hay en la calle. Los tacos son ______________ (rico/-a) pero mi plato favorito es el pollo con una salsa de chocolate que pica ______________ (mucho).

¡Pruébalo todo!

5 Vas a pasar tus vacaciones con tus padres en México. Tu profesor de español tiene muchos consejos para vuestro viaje. Escribe seis frases con *si*.

_____ /3 Pkt. (6 x 0,5 Pkt.)

Si

- (*tener* / vosotros) tiempo
- (*interesarse* / tú) por la música
- (*interesarse* / vosotros) por la historia
- (*hacer*) buen tiempo
- (*necesitar* / tú) más información
- te (*quedar*) dinero

- (*tener* que / vosotros) visitar Teotihuacán.
- (*poder* / vosotros) ir a una de las playas bonitas de Oaxaca.
- (*poder* / tú) comprar algo en el mercado de artesanía.
- (*tener* que / tú) escuchar la música de los mariachis.
- ¡(*visitar* / vosotros) las ruinas mayas!
- (*llamar* / tú a mí).

6 Miguel quiere hacer un viaje por Alemania. Apunta sus deseos. Usa *ojalá (que) + subjuntivo*.

___/3 Pkt. (6 x 0,5 Pkt.)

1. *hacer* buen tiempo
2. me *gustar* la comida alemana
3. *conocer* a mucha gente alemana
4. *acostumbrarse* a la comida alemana
5. me *dar* tiempo a visitar muchos monumentos
6. no *echar* de menos a mis amigos en México

____

____

____

____

____

____

7 Elige entre la actividad **a** o **b**.

___/3 Pkt. (6 x 0,5 Pkt.)

○ **a** ¿Qué dicen las personas? Lee las frases y marca con una cruz (X) la respuesta correcta.

1

¿Quieres que te dé el libro?
a Sí, ¡dámelo!
b Sí, ¡dámela!

4

¿Podemos comer las galletas?
a Sí, ahora les las doy.
b Sí, ahora os las doy.

2

Chicos, me voy. Os quedáis con la pequeña María.
a ¿Nosotros? ¿Se la prometimos?
b ¿Nosotros? ¿Te lo prometimos?

5

¿Les cuento la historia?
a Sí, ¡cuéntasela!
b Sí, ¡cuéntaselas!

3

¿Queréis que os pase las mochilas?
a Sí, pásenoslas, por favor.
b Sí, paséoslas, por favor.

6

¿Os explico los ejercicios?
a Sí, explíquenoslos, por favor.
b Sí, expliquenoslos, por favor.

● **b** La abuela de Aixa habla con su nieta. ¿Qué contesta? Sustituye los objetos por pronombres en las respuestas.

1. ¿Le llevas esta tortilla a la vecina? – Sí, ______________ llevo ahora mismo.
2. ¿Me traduces lo que dicen los turistas? – Sí, enseguida ______________ traduzco.
3. ¡Quítame los zapatos, por favor! – Claro, ahora ______________ quito.
4. ¿Nos vas a contar la historia? – Sí, ______________ voy a contar.
5. ¿Les puedes dar las naranjas a tus hermanos? – Ahora mismo ______________ doy.
6. ¡Llévate los juguetes a tu habitación! – Bueno, enseguida ______________ llevo.

8 Cuando Sergio vuelve de México su amiga Ximena quiere saber todo sobre sus vacaciones. Contesta las preguntas. Usa las formas correctas de *algún* y *ningún*.

____/3,5 Pkt. (7 x 0,5 Pkt.)

1 ¿Escuchaste a alguien hablar una lengua indígena? — No, no escuché a ____________ persona hablar una lengua indígena.

2 ¿Probaste ____________ vez el mole? — Sí, lo probé.

3 ¿Visitaste ____________ ruina maya? — Sí, visité ____________.

4 ¿Cómo era el tiempo? — Tuvimos mucha suerte. No llovió ____________ día.

5 ¿Conociste a otros jóvenes de Europa? — Sí, conocí a ____________.

6 ¿Quieres volver a México ____________ día? — Claro que sí. Me gustaría mucho volver.

MEDIACIÓN | SPRACHMITTLUNG

9 En una fiesta una amiga tuya quiere conocer a tu amigo Diandro. Empezáis a hablar sobre vuestras vidas. Vas a ayudar a tu amiga a participar en la conversación. ¿Necesitas ayuda? Haz primero el ejercicio a.

____/12 Pkt.

a Lee las frases y subraya el equivalente español/alemán de las siguientes palabras:

beginnen aufstehen brauchen (Zeit)

despertar a alguien terminar charlar/platicar ir a pie ir en bici

b Ayuda a Diandro y a tu amiga y traduce.

Diandro: … ¿De verdad? ¿El colegio en Alemania empieza a las 7.45? ¡Qué temprano! Pues me imagino que os tenéis que levantar muy temprano.

Tú: ____

____

Tu amiga: Das stimmt. Meine Mutter weckt mich schon um sechs Uhr. Aber die Schule hört manchmal auch schon um 13 Uhr auf.

Tú: ____

____

Diandro: Eso sí es muy temprano. Y, ¿cuánto tiempo tardáis en llegar al instituto?

Tú: ____

Tu amiga: Ich brauche nicht lange. Da ich viel mit einem Freund quatsche kommt uns der Schulweg auch nicht so lang vor.

Tú: ____

____

Diandro: Claro. Y, ¿cómo vais al instituto?

Tú: ____

Tu amiga: Da es keinen Bus gibt, gehe ich zu Fuß oder fahre mit dem Rad.

Tú: ____

EXPRESIÓN ESCRITA | TEXTPRODUKTION

____/15 Pkt.

10 Después de volver a España el profe de Sergio le pide que escriba un pequeño artículo sobre su viaje a México para la revista de su instituto. Escribe su artículo y cuenta:

- sobre la comida.
- sobre los micros y buses.
- sobre las culturas y lenguas indígenas.
- sobre el paisaje.

Me encantó… En realidad… ¡Fue buenísima / super interesante! ¡Es gigante/impresionante/grandísimo! ¡Es una pasada! ¿Os lo imagináis?

____

____

____

____

____

____

____

____

KLASSENARBEIT B

_____ / 68 Punkten

COMPRENSIÓN LECTORA | LESEVERSTEHEN

Para millones de chicas la fiesta de quince años es muy especial. En toda Latinoamérica, desde México a Argentina, las familias organizan grandes fiestas para celebrar[1] este día.

Marta	Mañana cumplo quince años y desde hace ya muchísimo estoy MUUYYYY nerviosa. ¡Espero que sea un día muy especial!
Julia	En mis quince, yo también estaba muy nerviosa. Pero para mí fue un día muy especial. Hay muchas cosas que decidir, por ejemplo, dónde va a ser la fiesta, qué músicos[2] van a tocar, qué vestido vas a llevar y también a qué amigos vas a invitar.
Clara	Es verdad, nosotros empezamos a preparar la fiesta mucho antes. Al final tenía una lista de invitados muy larga. No solo vino toda mi familia – mis padres, mis hermanos, mis tíos, mis abuelos y mis primos – sino también todos mis amigos vinieron.
Marta	Mañana nosotros también vamos a ser unas cien personas. Algunos vienen de los Estados Unidos.
Julia	No sabía que también tienes familia ahí.
Marta	Sí, mi tía con mis primos viven ahí y solo vienen para mis quince. A ver, ¿cómo fue la fiesta?
Julia	Pues, llevé un vestido lindísimo. ;-) Era de color rosa. Primero fuimos a la iglesia y luego cenamos. Mi abuelita hizo mole, imagínate, para cien personas. Después me dieron los regalos. Un amigo mío me regaló unas flores muy bonitas. Otro amigo me dio un álbum para las fotos de mi fiesta y mi familia me regaló mucha ropa y una cadena. Bailé el primer baile con mi padre y después bailamos, charlamos y estuvimos de fiesta toda la noche.
Clara	Pues, mi fiesta fue prácticamente igual a la tuya. Y costó mucho…
Juana	Por eso no quiero una fiesta. ¡Con el dinero podríamos ir de vacaciones toda la familia! Además, no me gusta bailar, no me gustan los zapatos de tacón[3] y odio el color rosa.
Clara	Sin embargo es un día muy especial y hay que celebrarlo. Marta, ¡no te pierdas el vals[4] con tu padre!
Juana	Yo prefiero comer una pizza y luego ir a bailar con mis amigos.
Julia	Nosotros estuvimos de fiesta hasta las cinco de la mañana.
Marta	¡¿Tan tarde?!
Clara	Nosotros también nos acostamos muy tarde, como a las tres de la mañana.
Julia	Pues, ahora me toca llevar a mis hermanos a la casa de sus amigos. ¡Ojalá tengas un día fantástico[5]! ¡Espero que mañana nos mandes unas fotos de tu día especial!
Marta	Claro. Hasta mañana.

1 celebrar *feiern*
2 el/la músico/-a *der/die Musiker/in*
3 los zapatos de tacón *die Pumps*
4 el vals *der Walzer*
5 el próximo día *der nächste/folgende Tag*
6 fantástico/-a *fantastisch*

1 **a** **Lee el texto y marca (X) quién habla de los siguientes temas.** ____/10 Pkt.

Clara								
Julia								
Marta								
Grizel								
nadie								

b **Lee el texto otra vez y marca si las frases son correctas (C), falsas (F) o si la información no está en el texto (*no está*).** ____/8 Pkt.

	C	F	no está
1. La fiesta de quince años es una fiesta importante para cada chico mexicano.	☐	☐	☐
2. Dos de las chicas ya tienen quince años.	☐	☐	☐
3. Solo la familia puede venir a la fiesta de quince.	☐	☐	☐
4. El vestido de Clara era de color rosa.	☐	☐	☐
5. En la fiesta de quince Julia recibió mucha ropa.	☐	☐	☐
6. La fiesta cuesta mucho dinero.	☐	☐	☐
7. A Grizel no le gustan los regalos.	☐	☐	☐
8. Marta va a bailar el primer baile con su padre.	☐	☐	☐

VOCABULARIO | VOKABULAR

2 **Elige la actividad a o b.** ____/5 Pkt.

O **a** **Encuentra los intrusos[1] y apunta una palabra que describe el campo semántico[2].**

Ejemplo:

1. azul – amarillo – rojo – verde – ojalá: los colores

2. la tortilla – el taco – el plato – la paella – el helado: ____________________

3. el río – el senderismo – la montaña – la selva – la costa: ____________________

4. el origen – el hermano – la madre – la hermanita – el abuelo: ____________________

5. el guajolote – la gallina – el perro – la rana – el chófer: ____________________

6. el tzotzil – el quechua – el maya – el español: ____________________

1 el intruso *der Eindringling* **2** el campo semántico *das Wortfeld*

b Describe las palabras con otras palabras.

1. inmenso/-a: ______
2. rico/-a: ______
3. el e-mail: ______
4. el juguete: ______
5. la barca: ______

GRAMÁTICA | GRAMMATIK

3 Lee las frases y subraya el verbo correcto.

___/3 Pkt. (6 x 0,5 Pkt.)

1. No entiendo lo que dice James. Mi inglés **es / está** muy malo.
2. Hoy Ana no puede ir al instituto, **es / está** mala.
3. Gracias por ayudarme. ¡Qué buena **eres / estás**!
4. ¡Estos plátanos **son / están** riquísimos!
5. ¿Por qué te peleas con tu hermana? ¡Qué malo **eres / estás**!
6. Mis vecinos ganaron tres millones de euros. Ahora **son / están** ricos.

4 ¿Cómo puedes decir estas frases de forma más amable? Reescribe las frases con *me/te gustaría* y *podría/podríamos*.

___/8 Pkt.

1 ¡Quiero ir al cine! ______

2 ¡Dame el libro! ______

3 ¡Ayúdame con los deberes! ______

4 ¡Vente conmigo al centro! ______

5 ¡Quiero comer un bocadillo! ______

6 ¡Vamos a la bolera! ______

7 ¡Demos un paseo por el parque! ______

8 ¡Prueba el mole poblano! ______

MEDIACIÓN | SPRACHMITTLUNG

5 Jaime se interesa mucho por México y sueña con hacer un viaje por este país. En Internet encuentra un blog alemán. Jaime le pregunta a su amigo Paul si puede ayudarlo a entender el blog. Lee el blog y contesta las preguntas de Jaime.

____/14 Pkt.

UNSERE FERIEN IN MEEEXIKO!

28.03.2013

¡Hola a tod@s! Willkommen auf unserem Blog. Endlich! Morgen gehen die Sommerferien los und wir – Julian und Lukas – können zu unserer Reise nach Mexiko aufbrechen. Wir wollen dort drei Wochen herumreisen und so viel wie möglich sehen und erleben. Wir sind schon echt gespannt und freuen uns riesig auf den Urlaub!

30.03.2013

Uff! Endlich in Mexiko D. F. angekommen. Nach dem langen Flug und der Hitze hier sind wir erst einmal ganz schön müde. Unsere Unterkunft ist super zentral. Gleich werden wir uns auf den Weg machen, die Stadt zu erkunden. Hasta pronto, Julian und Lukas

02.04.2013

Wahnsinn! Was für eine riesige Stadt!!! In den letzten Tagen sind wir fast ununterbrochen gelaufen und haben dabei natürlich viel gesehen. Uns hat am besten der *Zócalo* gefallen: ein riesiger Platz, auf dem immer was los ist. Auf dem Foto seht ihr das *Estadio Azteca*. Das *Museo Frida Kahlo* mit vielen bekannten Bildern war auch super. (Ihr solltet es auf eurer Reise durch Mexiko auf keinen Fall verpassen!) Schade, dass wir nur noch einen Tag hier in der Stadt haben! Bis dann, los dos hermanos alemanes

04.04.2013

Wir erleben hier jeden Tag so viele Dinge, dass man gar nicht genug Zeit hat, über alles zu schreiben. Gestern waren wir erst einmal auf dem Kunsthandwerkermarkt in Coyoacán, einem Stadtteil von D. F. Der ist echt zu empfehlen. Dann sind wir mit dem Bus – so wie wir hier eigentlich immer unterwegs sind – weiter nach Teotihuacán. Die Ruinen sind unglaublich! Ihr könnt euch gar nicht vorstellen, wie groß die *Pirámide del Sol* ist. Wir hatten einen sehr guten Führer, der uns viel erklärt hat. Leider hat er teilweise so schnell gesprochen, dass wir nicht alles verstanden haben. Doch wir würden jedem raten, sich ebenfalls einen Führer zu nehmen. Es lohnt sich! Bis bald, Julian und Lukas

1 ¿Quiénes son los autores del blog y qué hacen?

____

2. ¿Qué hicieron en México D. F.?

____

____

3. ¿Cómo viajaron por México?

4. ¿Qué escribieron sobre Teotihuacán?

5. ¿Qué consejos hay en el blog?

EXPRESIÓN ESCRITA | TEXTPRODUKTION

6 Elige la actividad a o b. ___/ 20 Pkt.

1

2

3

4

5

6

7

8

9

10

a Ana describe un día normal de su vida. Escribe el texto con ayuda de las imágenes y las siguientes expresiones.

todos los días	casi siempre	a veces	al mediodía	por la tarde	normalmente	a las seis	por la noche

b Ana cuenta lo que hizo ayer. Escribe el texto con ayuda de las imágenes y las siguientes expresiones.

primero	luego	después	más tarde	al mediodía	por la tarde	a las seis	por la noche	antes de

MÜNDLICHE PRÜFUNG 1

A Presenta a tu compañero/-a.
B Cuenta dónde pasaste tus últimas vacaciones y qué hiciste.
C Explica cuál es tu objeto favorito y qué significa para ti.

_____/30 Punkten

MONÓLOGO | MONOLOG

_____/10 Pkt.

1 Elige la tarjeta A o B.

A (monólogo de 2–3 minutos)

Describe el dibujo.
¿Cómo te imaginas un día en la vida de este chico?
¿Qué es lo que más/menos le gusta?
¿Qué le importa?

B (monólogo de 2–3 minutos)

Describe el dibujo.
Compara la vida de estos dos chicos con la vida del chico en el dibujo de tu compañero.
¿Qué vida te parece más fácil? Explica por qué.

Tipps

- Sage zuerst, worum es auf dem Bild geht.
- Überlege dir eine sinnvolle Reihenfolge, in der du die abgebildeten Personen und Dinge beschreibst. Am besten beginnst du mit den Personen, beschreibst ihr Aussehen und ihre Handlungen (*estar + gerundio*) und gehst anschließend zum Hintergrund über.
- Schaffe einen sinnvollen Zusammenhang und „springe" bei der Beschreibung nicht hin und her.
- Präge dir zur Vorbereitung einige Redemittel für die Bildbeschreibung ein (siehe S. 87).

DIÁLOGO | DIALOG

_____/ 20 Pkt.

2 Eres un chico / una chica español/a. Quieres viajar a México con un amigo. Tenéis muy poco tiempo, solo una semana. Tienes un guía que describe muchos monumentos históricos como Chichén-Itzá, Palenque y Teotihuacán y quieres verlos todos pero tu amigo prefiere pasar el tiempo en la playa y hacer surf.

a Imagina argumentos para ir a ver los monumentos de México. Después ordénalos: ¿cuáles son los más fuertes y cuáles los más débiles? Imagina también los posibles argumentos de tu amigo en contra de ir a ver monumentos.

argumentos a favor	argumentos en contra

6 **b** Escucha y reacciona a los argumentos de tu amigo. Trata de llegar a un compromiso.

Präge dir zur Vorbereitung auch einige Redemittel für das dialogische Sprechen ein (siehe S. 88).

KLASSENARBEIT A

_____ / 82 Punkten

COMPRENSIÓN LECTORA | LESEVERSTEHEN

Para:
Asunto:

Hola, Gonzalo:

¿Qué tal te va en Valencia? ¿Todo bien? Pues yo estoy bien, ya falta poco para las vacaciones de verano y esta semana lo he pasado muy bien. Un grupo de alumnos alemanes de un instituto de Hamburgo está de visita por unos días.

Ayer les enseñamos muchos lugares interesantes en Madrid. Fuimos al Museo del Prado donde vimos los cuadros famosos de Goya y Velázquez. Nos quedamos ahí casi tres horas. Luego visitamos también el Estadio Bernabéu que les gustó mucho, sobre todo a los chicos del grupo. Como para algunas de las chicas no fue tan interesante, nos fuimos pronto. Ayer por la noche fuimos a un bar para comer comida típica española. Pedimos unas tapas y unas bebidas[1]. En Alemania no existen las tapas y ellos querían probarlas todas. :-) Parece que nuestros platos son muy diferentes y también la hora de comer es otra.

¿Tú sabías que en Alemania cada uno paga por su cuenta? ¡Increíble[2], tío! Pues, les explicamos que nosotros en España ponemos fondo. Se quedaron asombrados[3] pero estaban de acuerdo.

Bueno, esta tarde hemos ido a la Plaza Mayor y los chicos preguntaron por las corridas de toros. Les tuvimos que explicar que las corridas ya no se celebran desde hace mucho tiempo en esta plaza y que a nosotros no nos interesan. No sé porque los extranjeros creen que todos los españoles somos unos aficionados a los toros…

Esta mañana hemos tenido clase juntos en el instituto y los chicos se quedaron alucinados cuando se dieron cuenta de que nosotros tuteamos[4] a nuestros profesores. En Alemania no se puede tutear tan fácilmente a los adultos, ¡sobre todo está prohibido tutear a los profesores en el colegio! ¡Vaya diferencia!

Me he divertido mogollón con ellos. Me alegra saber que[5] el año que viene vamos a viajar nosotros a Alemania a visitarlos en Hamburgo.

Bueno, Gonzalo, ahora tengo que dejarte porque vamos al Reina Sofía con nuestros amigos. Ya te contaré[6] más.

Hasta pronto.

Un abrazo de tu primo Toño

1 la bebida *das Getränk*
2 increíble *unglaublich*
3 asombrado/-a *erstaunt*
4 tutearse *sich duzen*
5 alegrarse saber que *sich auf etw. freuen*
6 te contaré *ich werde dir berichten*

1 a Toño escribe un e-mail a su primo y le cuenta sobre la visita de los alumnos alemanes en Madrid. ¿Qué hicieron? Lee el e-mail y ordena los dibujos. ¡Ojo! Sobran tres dibujos.

_____ / 8 Pkt.

a ___

b ___

c ___

d ___

e

f

g

h

b **Lee el e-mail otra vez y marca si las frases son correctas (C), falsas (F) o si la información no está en el texto (*no está*).** ___/8 Pkt.

	C	F	no está
1. Toño escribe el e-mail en sus vacaciones de verano.	☐	☐	☐
2. Un grupo de amigos alemanes está de vacaciones en Madrid.	☐	☐	☐
3. Toño y los chicos de intercambio pasaron mucho tiempo en el Museo del Prado.	☐	☐	☐
4. La visita del Estadio Bernabéu fue genial, sobre todo para los chicos del grupo.	☐	☐	☐
5. Los chicos alemanes no querían probar las tapas.	☐	☐	☐
6. Toño es aficionado a las corridas de toros.	☐	☐	☐
7. Los alumnos españoles tienen que tutear a sus profesores.	☐	☐	☐
8. Los alemanes han aprendido mucho de los alumnos españoles.	☐	☐	☐

VOCABULARIO | WORTSCHATZ

2 **Estás en la oficina de información del metro. Lee las preguntas y las respuestas y completa el crucigrama con las palabras adecuadas.** ___/5 Pkt. (10 x 0,5 Pkt.)

¿Cuánto cuesta un [8] para ir a Plaza de Castilla?

El metro de Madrid siempre está lleno. Hay muchísimos [3] cada día.

¿Es verdad que muchas veces hay [10] en las calles de Madrid y por eso es mejor ir en [7] en vez de ir en [11] o [9]?

Tengo que comprar un billete pero no tengo [2] para la [6].

Siga en la [4] azul en [1] a Puerta del Sol.

En Banco de España tienes que [5] de [4].

GRAMÁTICA | GRAMMATIK

3 El fin de semana pasado Pedro decidió empezar una vida mejor. ¿Qué ha hecho ya y qué no ha hecho todavía? Mira la lista y escribe frases en el pretérito perfecto. Usa también las palabras de la casilla.

_____ / 4 Pkt. (8 x 0,5 Pkt.)

ya | todavía no | esta semana | hoy | esta mañana

1. *hacer* los deberes ✔
2. *poner* la mesa para la comida
3. no *ver* la tele ✔
4. *leer* un libro
5. *escribir* una carta a la abuela ✔
6. *comer* fruta
7. *levantarse* temprano
8. *ir* a la biblioteca ✔

4 a En la fiesta de Laura la gente habla de muchas cosas. Lee los diálogos del ejercicio **b**, subraya los marcadores temporales que van con el pretérito perfecto o con el pretérito indefinido y ordénalos en la tabla.

_____ / 6,5 Pkt. (13 x 0,5 Pkt.)

pretérito perfecto	pretérito indefinido

b **Completa las frases con la forma correcta de los verbos.**

_____ / 7,5 Pkt.
(15 x 0,5 Pkt.)

1. – ¿Te gusta la paella?

   – ¡Sí, mucho! Hace unos días ________________ (*comer*) una en un restaurante muy bueno en la Plaza Mayor de Madrid. ¡Qué rica!

2. – ¿________________ (*estar* / tú) en Madrid alguna vez?

   – La verdad es que todavía no ________________ (*ir*) a Madrid. Pero ________________ (*estar*) ya varias veces en Barcelona.

3. – ¿________________ (*ir* / vosotros) al cumpleaños de Xavier ayer?

   – Sí, ________________ (*pasarselo* / nosotros) fenomenal y ________________ (*acostarse* / yo) muy tarde.

   – Así pues, ¿a qué hora ________________ (*levantarse* / tú) hoy?

   – Uff, a eso de las doce.

   – ¿Como el otro día, ¿no? Después de la fiesta de María también ________________ (*despertarse* / tú) muy tarde.

4. – El año pasado ________________ (*pasar* / nosotros) las vacaciones en Londres. ¡Qué ciudad más preciosa!

   – ¿Y este año?

   – Pues, este año ________________ (*estar* / nosotros) en Valencia.

5. – ¿Qué sabes de Xabi Alonso, el futbolista?

   – Pues, sé bastante. Es un futbolista español muy famoso. A los 17 años ________________ (*jugar* / él) en el equipo de la Real Sociedad. Después ________________ (*irse*) al Liverpool. Luego, en 2009, ________________ (*cambiar*) al Real Madrid. Con España ________________ (*ganar*) la Eurocopa en 2008 y en 2012, y el Mundial en 2010.

5 **En Madrid, un turista le pregunta a una señora una dirección. Completa el diálogo con el imperativo.**

___/5 Pkt. (10 x 0,5 Pkt.)

Turista: Oiga, ________________ (*ayudarme*), por favor. ¿Cómo voy al Museo del Prado?

Señora: ________________ (*mirar*), es muy fácil. ________________ (*coger*) la línea azul en dirección a Valdecarros hasta Sol. Ahí ________________ (*cambiar*) de línea. ________________ (*coger*) la línea roja y ________________ (*bajarse*) en la estación Banco de España.

Turista: Muchas gracias. ¿Y allí está entonces el museo?

Señora: No, todavía no. Para llegar al museo ________________ (*tomar*) la primera calle a la derecha. Es el Paseo del Prado. De allí son unos 500 metros hasta el museo.

Turista: Perfecto, gracias. ________________ (*oír*), otra pregunta: ¿Dónde puedo comprar un billete?

Señora: ________________ (*mirar*), aquí hay una máquina. ________________ (*darle*) a «Banco de España» y después a «Billete Sencillo».

Turista: Perfecto. ¡Muchas gracias!

MEDIACIÓN | SPRACHMITTLUNG

6 **Tus padres quieren pasar unos días en Madrid. No hablan español. Por eso, vas a llamar a su hotel. ¿Necesitas ayuda? Haz primero el ejercicio a. Si no necesitas ayuda, haz solo b.**

___/18 Pkt.

O **a** **Lee las preguntas de tus padres. ¿Cómo las dices en español?**

1. Wie viel kostet ein Zimmer für zwei Personen? ________________________________
2. Ist noch ein Zimmer vom 3.5. bis 6.5. frei? ________________________________
3. Welche Metro müssen wir vom Flughafen zum Hotel nehmen? ________________________________
4. Gibt es im Hotel Frühstück? ________________________________
5. Wie ist derzeit das Wetter? ________________________________

7

b Escucha la llamada y haz las preguntas en español. Luego cuenta a tus padres lo que te ha dicho la recepcionista.

Dígame.

Hola me llamo… y tengo algunas preguntas.

Sí, diga.

1. Wie viel kostet ein Zimmer für zwei Personen? ____________________
2. Ist noch ein Zimmer vom 3.5. bis 6.5. frei? ____________________
____
3. Welche Metro müssen wir vom Flughafen zum Hotel nehmen? ____________________
____
4. Gibt es im Hotel Frühstück? ____________________
____
5. Wie ist derzeit das Wetter? ____________________

EXPRESIÓN ESCRITA | TEXTPRODUKTION

____/20 Pkt.

7 Estás en la estación Plaza de España y un señor te pide información. Quiere ir en metro al Parque del Retiro y luego al parque Casa de Campo. ¿Qué te pregunta? ¿Qué contestas? Escribe un diálogo de 15 a 20 frases en tu cuaderno. Usa el plano del metro.

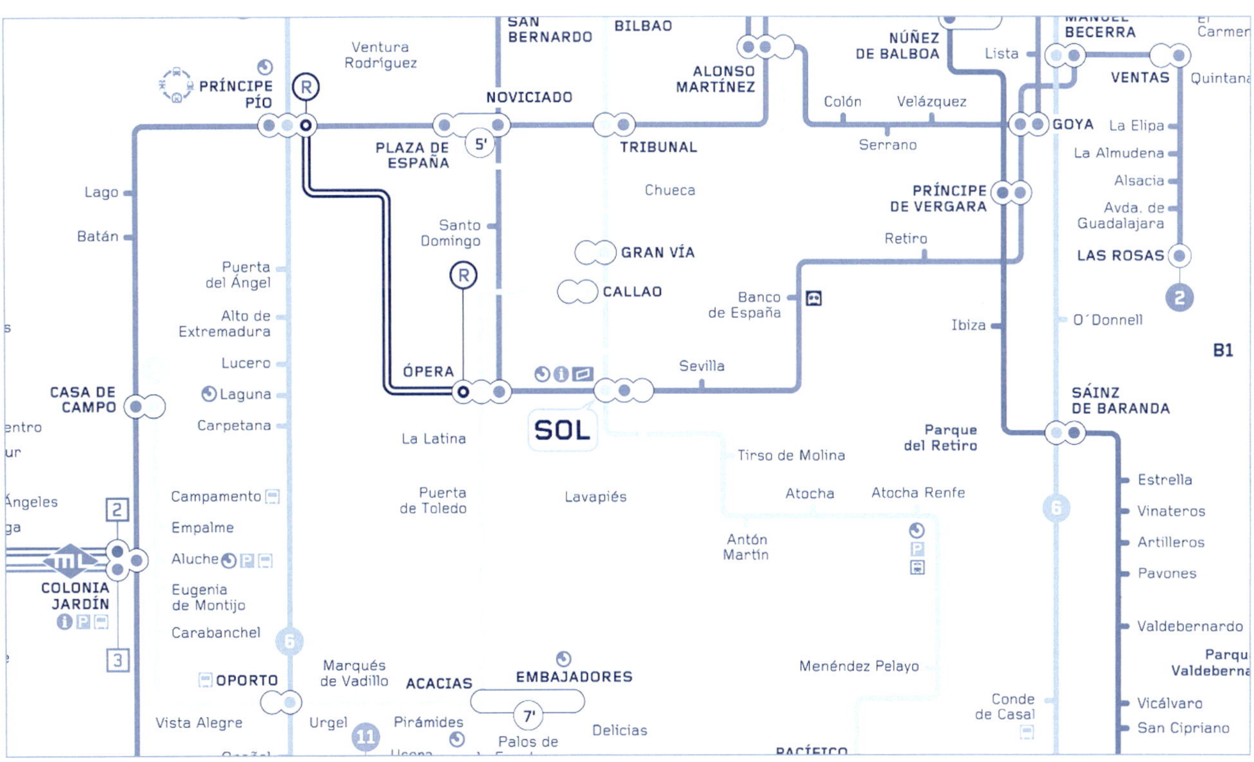

KLASSENARBEIT B

____/77 Punkten

COMPRENSIÓN AUDITIVA | HÖRVERSTEHEN

8 **1 a** **Una familia está en la estación del metro. Escucha el diálogo y marca las respuestas correctas.** ____/6 Pkt.

1. La familia quiere saber
   - a el camino al aeropuerto.
   - b el camino desde el aeropuerto al centro.
   - c el precio de un billete combinado.

2. La familia tiene que tomar
   - a las líneas 1, 7 y 9.
   - b las líneas 1, 9 y 8.
   - c las líneas 2, 9 y 8.

3. La familia quiere ir al Parque del Retiro
   - a hoy.
   - b esta tarde.
   - c mañana.

4. Después de ir al parque el señor
   - a va a Múnich.
   - b va a un bar para ver un partido de fútbol.
   - c va al estadio para ver un partido de fútbol.

5. El señor decide ir
   - a a pie.
   - b en metro.
   - c en bus.

6. Tiene que bajarse en
   - a Santiago Bernabéu.
   - b Alonso Martínez.
   - c Fuencaral.

9 **b** **Dos chicos le preguntan a un señor una dirección. Escucha y apunta el camino en el mapa.** ____/7 Pkt.

VOCABULARIO | VOKABULAR

_____/6 Pkt.

2 Estás en el metro de Madrid. ¿Cómo dices las siguientes frases en español?

1. Ist es besser mit dem Taxi zum Flughafen zu fahren oder die Metro zu nehmen?

____

2. Nehmen Sie die Linie 5 in Richtung …

____

3. Wie viel kostet eine Zehnerkarte?

____

4. Hast du einen Gesamtnetzfahrschein gekauft oder ein einfaches Ticket?

____

5. Sie müssen in … umsteigen.

____

6. Steigen Sie in … aus.

____

GRAMÁTICA | GRAMMATIK

3 Elige la actividad **a** o **b**.

_____/4 Pkt.
(8 x 0,5 Pkt.)

a Encuentra los ocho participios en la sopa de letras y apunta los infinitivos de estos verbos en la tabla.

H	D	W	P	U	E	S	T	O	F
J	Y	J	C	M	S	U	W	X	M
I	M	G	D	I	C	H	O	K	I
R	I	M	U	E	R	W	F	B	D
G	L	F	A	B	I	E	R	T	O
R	O	H	S	J	T	Y	Y	L	N
V	U	E	L	T	O	Y	N	I	U
I	S	C	N	C	I	W	J	V	S
S	B	H	K	I	N	U	W	O	D
T	F	O	Q	D	D	M	D	K	W
O	C	M	Y	N	W	Y	H	W	I

participio	infinitivo

● **b Completa los mensajes de los chicos con el pretérito perfecto.**

1

Hola chica, por fin ______________ (*abrir*) la nueva tienda de ropa. ¿Cuándo vamos?

Es verdad. Cuando volvía a casa la ______________ (*ver*) también. Vamos esta tarde, ¿no?

2

¡No me lo puedo creer! Imagínate, Miguel me ______________ (*escribir*) un e-mail.

3

Hola chicos, ¿______________ (*ver*) mi balón? No sé dónde lo ______________ (*dejar*).

Pues, no sé. No está aquí. ¿No ______________ (*hacer*) deporte esta tarde? Pienso que lo has dejado en el campo de fútbol.

4

Hola María, no me ______________ (*decir*) a qué hora nos encontramos.

¿No? Lo siento. ______________ (*volver*) tarde del instituto pero ahora voy.

4 **Estás pasando unos días de intercambio en Madrid. Por la tarde le cuentas a tu familia española lo que has hecho. Escribe sus preguntas y tus respuestas. Usa el pretérito perfecto.** ____/7 Pkt.

tu familia española: **tú:**

1. *despertarse* (tú) / tarde / hoy

______________________________ → No, ______________________________

2. *estar* (vosotros) / en el Museo del Prado / esta mañana

______________________________ → Sí, ______________________________

3. *dar* (vosotros) / un paseo por el Palacio Real / hoy

______________________________ → No, ______________________________

4. la clase / *ver* / muchos museos / esta tarde

______________________________ → No, ______________________________

5. todos los chicos / *ver* / el estadio y el Museo del Real Madrid / hoy por la tarde

_______________ → Sí, _______________

6. *acostumbrarse* / tus amigos / a cenar tarde / ya

_______________ → Sí, _______________

7. *escribir* (tú) / a tus hermanas / ya

_______________ → No, _______________

5 **Lee el chat y completa las frases con las formas correctas del pretérito perfecto y del pretérito indefinido.**

___/ 9 Pkt. (18 x 0,5 Pkt.)

Marilú: Hola, no sé qué hacer en las vacaciones… ¿Ya _______________ (*estar* / tú) en Madrid?

Rafa: Hola. Sí, _______________ (*ir* / yo) el año pasado con mis tíos y mis primos. _______________ (*visitar* / nosotros) el Museo del Prado.

Marilú: ¿El Museo del Prado? ¡Qué interesante! ¿Y te _______________ (*gustar*)?

Rafa: **Rafa:** Sí, me _______________ (*gustar*) mucho. ¿Tú nunca _______________ (*estar*) ahí?

Marilú: No, no lo conozco. Solo _______________ (*ver*) fotos del museo en una revista de la ciudad. Dime, ¿_______________ (*ir* / tú) también al Museo del Real Madrid el año pasado?

Rafa: Sí, _______________ (*ir* / yo) con mis primos.

Marilú: Pero todavía no _______________ (*estar* / vosotros) en Barcelona, ¿verdad?

Rafa: No, nunca _______________ (*estar* / nosotros) allí.

Marilú: ¿Y Salamanca? Allí sí _______________ (*pasar* / tú) una semana, ¿no?

Rafa: Sí, _______________ (*visitar* / yo) a mi amigo Adrián que vive en esta ciudad. _______________ (*ir* / yo) sin mis padres. Como te puedes imaginar _______________ (*ser*) genial. ;-)

Marilú: ¡Sin tus padres! ¿Y qué _______________ (*decir* / ellos)?

Rafa: Nada. Los padres de Adrián _______________ (*hablar*) con ellos y mis padres me _______________ (*dejar*) ir.

Marilú: ¡Qué guay! ¡Yo también quiero hacer vacaciones sin mis padres!

MEDIACIÓN | SPRACHMITTLUNG

6 **Estás paseando por las calles de Madrid con tu amigo Xavi. Encontráis a unos turistas alemanes que no saben hablar español. Ayudadlos.** ____/18 Pkt.

Turista: Hallo, ich finde meine Videokamera nicht mehr. Könnt ihr mir bitte helfen?

Tú: ____

Hugo: ¡Claro que sí!

Tú: ____

Turista: Könnt ihr mir sagen, wo hier ein Polizeirevier[1] ist?

Tú: ____

Hugo: Pues eso es muy fácil. Tiene que tomar la primera calle a la izquierda. De ahí tiene que ir todo recto hasta que llegue a una plaza muy grande.

Tú: ____

____

____

Turista: Und dann?

Tú: ____

Hugo: En la plaza tiene que tomar la segunda calle a la derecha. Es la segunda casa a la izquierda. Creo que es una casa amarilla. La policía está en la primera planta.

Tú: ____

____

____

Turista: Super, herzlichen Dank.

Tú: ____

Hugo: De nada. Son unos cinco minutos hasta llegar a la policía.

Tú: ____

Turista: Gut, dann noch einmal vielen Dank.

1 das Polizeirevier *la comisaría de policía*

EXPRESIÓN ESCRITA | TEXTPRODUKTION

○ **7 a** En las vacaciones de verano Adrián, Toño e Ismael visitan a sus compañeros en Hamburgo. Una noche Adrián escribe en su diario sobre las actividades que ha hecho hoy y en los últimos días. También le cuenta qué le ha llamado la atención de los alemanes. Escribe al menos 15 frases con ayuda del dibujo y las siguientes expresiones. ____/15 Pkt.

● **b** Escribe cinco frases más. + 5 Pkt.

¡Vaya! ¡Qué interesante! ¡No lo sabía! No lo puedo creer.
¡Qué fuerte! Lo que pasa es que… Me he quedado a cuadros.

KLASSENARBEIT A

____/ 74,5 Punkten

COMPRENSIÓN AUDITIVA | HÖRVERSTEHEN

10 **1** Elena y su hermano quieren ver la televisión, pero a ellos les interesan programas diferentes. Escucha el diálogo y apunta los nombres de los programas de los que hablan. Sobra un dibujo.

____/ 6 Pkt.

1

____

2

____

3

____

4

____

5

____

6

____

2 Elige la actividad a o b.

____/ 6 Pkt.

10 O **a** Vuelve a escuchar el diálogo y marca la respuesta correcta.

1. ¿Qué está viendo Roberto cuando Elena entra en la habitación?
   - a Un partido de fútbol.
   - b Las noticias.
   - c Una telenovela.
2. ¿Quién va a jugar en el partido de fútbol que Roberto quiere ver?
   - a Valencia y Sevilla.
   - b Sevilla y La Sexta.
   - c Valencia y Barcelona.
3. ¿Qué quiere ver Elena?
   - a Las noticias.
   - b Una telenovela.
   - c Un programa de historia.
4. ¿Cuándo puede Elena también ver su programa favorito?
   - a A las 19.30 horas.
   - b Después del partido de fútbol.
   - c A las 22.30 horas.
5. ¿Cómo puede Roberto saber el resultado?
   - a Lo dicen en la radio.
   - b Lo dicen en las noticias a las 22.30 horas.
   - c Lo dicen en otro canal.
6. ¿Qué programa deciden ver los dos juntos al final?
   - a «El amor es más fuerte»
   - b «La comunidad»
   - c «¿Quieres ser millonario?»

10

b Vuelve a escuchar el diálogo y contesta las preguntas.

1. ¿Qué está viendo Roberto cuando Elena entra en la habitación?

____

2. ¿Quién va a jugar en el partido de fútbol que Roberto quiere ver?

____

3. ¿Qué quiere ver Elena y por qué no se lo puede perder?

____

4. ¿Cuándo puede Elena también ver su programa favorito?

____

5. ¿Cómo puede Roberto saber el resultado?

____

6. ¿Qué programa deciden ver los dos juntos al final?

____

VOCABULARIO | WORTSCHATZ

3 Completa la tabla con palabras de la misma familia.

____/ 6 Pkt.
(12 x 0,5 Pkt.)

verbo	adjetivo	sustantivo	persona
		la impresión	________
jugar	________		
________	________	el espectáculo	
________	pobre		________
	interactivo/-a	________	________
	________	la sorpresa	________
ayudar	________		________
	________	________	el/la narrador/a
presentar algo	________		________
________	________		el/la amigo/-a

4 Enrique ha escrito una redacción para el instituto con argumentos a favor y en contra de la red. Completa el texto.

____/3 Pkt. (6 x 0,5 Pkt.)

no obstante | sin embargo | por lo tanto | en cambio | además | por lo cual

A muchos padres no les gusta que sus hijos pasen tanto tiempo delante del ordenador.
______________, hay que decir que Internet es muy útil para buscar información, para hacer los deberes o para preparar una presentación.
______________, navegar por la red es bueno para conocer a gente de todo el mundo. No solo puedes hablar con los amigos del instituto sino también con muchas personas que se interesan por las mismas cosas que tú.
También hay mucha gente que ha encontrado novio o novia por Internet. ______________, también puede ser peligroso[1] porque nunca conoces realmente[2] a la persona con la que estás chateando, ______________ no es una buena idea quedar solo o sola con esta persona en el mundo real[3].
Creo que en el futuro Internet será aún más fácil de usar, será menos caro y haremos todas nuestras compras en Internet. Será más importante que las revistas o la televisión. La gente ya no irá al trabajo cada día, ______________ podrá trabajar con el ordenador de casa. ______________, es necesario que todos sepamos usarlo.

1 peligroso/-a *gefährlich* 2 real(mente) *wirklich*

GRAMÁTICA | GRAMMATIK

5 a En la clase de ciencias, los alumnos hablan sobre el futuro. El profe escribe sus ideas en la pizarra. Completa las frases con el futuro.

____/4,5 Pkt. (9 x 0,5 Pkt.)

En el futuro…
… todos los coches y las bicicletas ______________ (*funcionar*) con electricidad[1].
… los ordenadores y los móviles ______________ (*poder*) hablar.
… ya no ______________ (*existir*) tiendas normales porque todos ______________ (*comprar*) lo que necesitan por Internet.
… la gente ya no ______________ (*leer*) libros normales, todos ______________ (*tener*) tablets.
… un viaje a la luna[2] ______________ (*ser*) tan normal como un viaje a Italia.
… nadie ______________ (*escribir*) cartas[3], todos ______________ (*mandar*) e-mails.

1 la electricidad *der Strom* 2 la luna *der Mond* 3 la carta *der Brief*

b ¿Qué opinas – será así el futuro? Escribe al menos seis frases sobre las ideas del profe. ____/6 Pkt.

______

______

______

______

______

______

6 Elige la actividad a o b. ____/6 Pkt.

○ **a** Combina las frases.

Cuando Alejandro le pague el dinero	1	a	quiero terminar de escribir este e-mail.
Aunque Rubén saque una mala nota en el examen	2	b	todavía hacía buen tiempo.
Mientras su madre no vuelva del trabajo	3	c	Rubén le mandará el libro.
Cuando quedaron	4	d	aprobará la asignatura.
Aunque ya es tarde	5	e	Roberta y Diego no podrán salir.
Mientras come	6	f	no mira la televisión.

● **b** Marisol está loca por la red y su madre está un poco preocupada. ¿Qué dice?

1. Sobald sie 18 Jahre alt ist, wird sie in einer Computerfirma[1] arbeiten und nicht mehr zur Schule gehen.

______

2. Während ihre Mitschüler sich im Unterricht langweilen, schreibt Marisol Ideen für ihr Blog auf.

______

3. Obwohl sie schlechte Noten bekommt, macht sie keine Hausaufgaben.

______

4. Immer wenn sie nachmittags Zeit hat, surft sie im Internet.

______

5. Selbst wenn sie krank wird, wird sie den Tag am Computer verbringen.

______

6. Solange sie keine besseren Noten bekommt, wird Marisol jeden Tag lernen müssen.

______

1 die Computerfirma *la empresa de ordenadores*

MEDIACIÓN | SPRACHMITTLUNG

7 Dos amigos tuyos quieren ver la televisión española para practicar su español. Lee la programación y contesta las preguntas.

___/17 Pkt.

1. Ich würde gerne Nachrichten sehen, damit ich weiß, was in Spanien so passiert. Wann kommen die und auf welchem Sender? ____________________

____

2. Außerdem interessiert mich Sport, zum Beispiel Basketball. Wann gibt es so etwas?

____

____

3. Ich würde gern auch ein paar spanische Gerichte kochen lernen. Gibt es irgendeine Kochshow?

____

4. Mich interessieren ja eher Seifenopern. Welche gibt es?

____

____

____

5. Gibt es etwas, das in Deutschland auch kommt, damit ich es leichter verstehen kann?

____

____

6. Wann laufen Dokumentationen? Am liebsten würde ich etwas mit Tieren sehen … Oder etwas, das mit Spanien zu tun hat.

____

____

7. Welche Filme laufen abends? Worum geht es?

____

____

tve1	tve2	Antena 3	la Sexta	CANAL+
16:15	**15:35**	**14:00**	**15:30**	**14:40**
Noticias **El tiempo**	**Saber y ganar** CONCURSO	**Los Simpson** El gordo y el peludo SERIE	**Hay que decirlo** Hoy: Discusión sobre los problemas en Madrid EMISIÓN POLÍTICA	**NBA live** DEPORTES
16:30	**16:05**	**14:30**	**16:30**	**16:45**
La Señora Penelope descubre que Daniel está enamorado de Marilú. TELENOVELA	**El arca de Noé** Los últimos animales en el desierto DOCUMENTAL	**¡A bailar!** CONCURSO DE BAILE	**Dos hombres y medio** ¡Déjame en paz, Mary Popins! SERIE	**Ana y Martín** Último episodio de la serie sobre la relación complicada de Ana y Martín. TELENOVELA
17:40	**17:30**	**17:00**	**17:15**	**18:30**
El amor es más fuerte Diego y Rosario tienen su primer cita. ¿Qué harán María y José? TELENOVELA	**¡Hoy cocino yo!** Hoy: Platos típicos de Galicia PROGRAMA DE COCINA	**Noticias de deportes**	**Nuestra vida virtual:** Las nuevas tecnologías y las redes sociales DOCUMENTAL	**Noticias**
19:15	**19:00**	**18:45**	**19:15**	**21:00**
Famosos Información sobre famosos, consejos de belleza y moda. Hoy: Reportaje sobre los estilistas más famosos del mundo. SERIE	**La historia de la radio** DOCUMENTAL	**¡Quiero trabajar!** Docu-reality sobre seis jóvenes españoles que buscan trabajo. DOCU-REALITY	**El jugador** Desde pequeño, Pablo sueña con ser un jugador de fútbol. Pero cuando su sueño se hace realidad, su vida empieza a cambiar. COMEDIA	**Viejas amistades** Después de 25 años, Victoria regresa a su pueblo. El primer encuentro con su viejo amigo es el comienzo de una historia complicada… DRAMA

EXPRESIÓN ESCRITA | TEXTPRODUKTION

8 ¿Cómo ves el futuro de Alejandro? Escribe su biografía en tu cuaderno. Usa *cuando + subj.*, *mientras + subj.*, *aunque + subj.*, *por lo tanto* y *en cambio*. Ayúdate con los dibujos. ____/20 Pkt.

1

2

3

4

5

6

7

8

KLASSENARBEIT B

____/78,5 Punkten

COMPRENSIÓN LECTORA | LESEVERSTEHEN

Mi blog: Una semana sin los medios de comunicación[1]

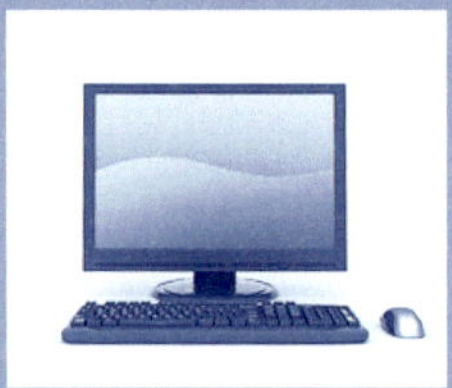

Me llamo Sara Menéndez Terrazo y estoy loca por los medios de comunicación, demasiado loca. Por eso decidí pasar una semana (de lunes a viernes) sin mi móvil, la tele, el ordenador, el Internet y el teléfono. Decidí escribir cada noche cómo fue el día. Después, mi hermano lo va a escribir en mi blog.

Ya estoy muy nerviosa. Mañana empiezo.

LUNES

«Te he escrito un mensaje, ¿no lo has leído?», así me ha saludado una amiga hoy por la mañana. Cuando llegó al colegio no había ningún compañero de clase. El profe no estaba y habían cambiado el horario. Pero yo, sin móvil, teléfono e Internet no había recibido ningún mensaje. Perfecto.

La tarde también ha sido muy dura. Me he dado cuenta de que sin Internet ya no sé qué hacer con mi tiempo libre…

MARTES

Tengo que hacer una presentación sobre la vida de las abejas[2] y necesito buscar información. ¿Qué hago ahora? Me parece que una vida sin el Internet ya no es posible, lo necesito para todo. Por fin he ido a la biblioteca[3], por primera vez en no sé cuántos años. Ha sido difícil, pero he encontrado toda la información que necesito.

MIÉRCOLES

Me siento sola. Todos mis amigos se pasan la tarde delante del ordenador escribiéndose mensajes. Según Facebook, tengo más de 200 amigos. Pero ¿dónde están? He hablado con una amiga para quedar en el parque y dar un paseo, pero parece que le gusta más chatear. «¿Pero qué quieres hacer en el parque?», me ha preguntado, «¡Con este frío que hace!». Así paso otro día sola en casa.

JUEVES

Toda mi familia está en el salón mirando la tele. Creo que están mirando una peli muy graciosa, por lo menos están riéndose todo el tiempo. Yo me quedo en mi cuarto, como siempre. ¿Ya os he contado que me he comprado un libro? Hace mucho tiempo que no he leído ni uno. No es tan malo…

VIERNES

¡El último día! ¡Qué bien! Ha sido una semana muy interesante, pero muy dura también. Si no tienes Internet te das cuenta cuánto tiempo libre tienes. Pero me parece imposible una vida sin los medios de comunicación. Sin Internet y móvil ya no tienes ninguna idea de lo que está pasando en el mundo. Mañana puedo volver al mundo real – ¿o virtual?

1 los medios de comunicación *die Massenmedien*   2 la abeja *die Biene*   3 la biblioteca *die Bibliothek*

1 a Lee el texto y marca si las frases son correctas (C), falsas (F) o si no están en el texto (*no está*). ____/8 Pkt.

	C	F	no está
1. A Teresa los medios de comunicación no le gustan mucho, por eso quiere pasar una semana sin ellos.	☐	☐	☐
2. Decide escribir lo que le ha pasado en un blog.	☐	☐	☐
3. El primer día llega tarde al colegio.	☐	☐	☐
4. Necesita información para hacer una presentación en el colegio y por eso va a la biblioteca.	☐	☐	☐
5. Muchos de sus amigos de Facebook también pasan una semana sin Internet.	☐	☐	☐
6. Como sus amigos no tienen tiempo, pasa muchas tardes sola en la piscina.	☐	☐	☐
7. Mientras su familia ve una peli, Teresa lee un libro.	☐	☐	☐
8. La semana sin móvil e Internet le ha gustado mucho.	☐	☐	☐

b Lee el resumen, subraya los errores y corrígelos. ____/15 Pkt. (10 x 1,5 Pkt.)

Sara está loca por el Internet por eso decide vivir una semana sin su ordenador y el móvil. Le gusta mucho esta idea. Pero es difícil: el primer día llega tarde al colegio porque han cambiado el horario. El otro día tiene que preparar una presentación, pero no lo puede hacer porque no tiene Internet. Muchas veces se siente muy sola porque sus amigos piensan que está loca y ya no quieren quedar con ella. Entonces pasa mucho tiempo con su familia en casa. A finales de la semana está feliz de poder usar los medios de comunicación otra vez porque ha sido una semana muy aburrida.

VOCABULARIO | WORTSCHATZ

2 a Combina las palabras.

___/3 Pkt. (6 x 0,5 Pkt.)

cambiar 1	a por la red
descubrir 2	b el ordenador
dejar 3	c un vistazo
echar 4	d el país
encender 5	e de trabajo
navegar 6	f el talento

b **Ahora completa las frases con la pareja adecuada. No olvides conjugar el verbo si es necesario.**

___/3 Pkt. (6 x 0,5 Pkt.)

1. Abdel y su padre ________________ ________________ y se fueron a vivir a España.
2. La mayoría de los jóvenes españoles tiene un ordenador en casa y ________________ ________________ cada día.
3. En la escuela de baile, la profesora ________________ ________________ de Ana ya cuando tenía cinco años.
4. Antes de usar la red social para comunicarte con tus amigos tienes que ________________ ________________.
5. Miguel ya no quiere trabajar como profesor, quiere ________________ ________________.
6. Es importante que no solo veas las noticias en la tele sino también ________________ ________________ al periódico.

GRAMÁTICA | GRAMMATIK

3 **Elige la actividad a o b.**

___/8 Pkt.

O **a** **Ayer, Juan tuvo un día muy malo. ¿Qué le pasó? Completa el texto con el pretérito pluscuamperfecto.**

Cuando llegó a la parada, el autobús ya ________________ (*salir*). Entonces tuvo que ir al colegio andando. Por eso, llegó tarde al colegio y la clase ya ________________ (*empezar*). El profe quería ver los deberes, pero Juan ________________ (*olvidar*) los suyos en casa. Después del colegio volvió a casa. Por suerte, su madre ya ________________ (*preparar*) algo para comer, pero no le gustó nada. Entonces quiso hacer los deberes, pero no podía hacerlos porque no ________________ (*escuchar*) lo que el profe ________________ (*explicar*) en clase. Decidió pasar la tarde delante del ordenador, pero su madre lo llamó porque ________________ (*olvidar*) que esta tarde tenía que ir al médico. Por la noche vio las noticias y se dio cuenta de que su equipo de fútbol favorito ________________ (*perder*) un partido muy importante… ¡Qué día!

b Adrian está enamorado de María pero no puede demostrárselo. Forma frases con el pretérito indefinido y el pretérito pluscuamperfecto.

1

invitar (él) – *ver* (ella)

2

llamar para salir (él) – *salir* (ella)

3

regalar (él) – *leer* (ella)

4

mandar (él) – *recibir* (ella)

5

cuando quería quedar – *llegar* (él) tarde – *irse* (ella)

6

dar (él) – *comprar* (ella)

7

escribir (él) una carta de amor[1] – *escribir* (él) un poema

1 la carta de amor *der Liebesbrief*

4 **La historia de una inmigrante. Completa el texto con *llevar*, *seguir* y *pasar(se)* + *gerundio* y cuenta qué vida lleva Yasmina en España.**

_____ / 3,5 Pkt. (7 x 0,5 Pkt.)

Yasmina es de Marruecos. Ya __________ tres meses __________ (*vivir*) en Madrid. __________ todas las tardes __________ (*estudiar*) español y va a un curso de Español para extranjeros por la noche. También está trabajando en un restaurante dos días por semana y ____________________ (*buscar*) otro trabajo. Por eso siempre __________ muchas horas __________ (*navegar*) en Internet. Aunque su piso es muy pequeño ____________________ (*vivir*) ahí porque no tiene mucho dinero. Sus padres la llaman cada día y ____________________ (*pedirle*) que vuelva a Marruecos. Pero Yasmina quiere quedarse en España porque ya __________ muchos años __________ (*soñar*) con una vida ahí. Y aunque su vida ahora no es fácil, Yasmina se siente muy feliz.

MEDIACIÓN | SPRACHMITTLUNG

11 **5** **Estás de vacaciones con tus padres en España. En la radio escucháis una reseña del libro *Frontera* de Jordi Sierra i Fabra. Les pides a tus padres que te lo regalen, pero solo han entendido que el libro trata de una chica que tiene que volver a Marruecos. Escucha la reseña y contesta las preguntas.**

_____ / 18 Pkt.

1. Worum geht es in dem Buch?

____

____

2. Wie heißt das Mädchen und wie alt ist sie?

____

____

3. Warum soll sie nach Marokko reisen?

____

____

4. Wie reagiert sie darauf?

____

____

5. Wer hilft ihr? Wie endet die Geschichte?

____

EXPRESIÓN ESCRITA | TEXTPRODUKTION

6 Vas a escribir un artículo sobre el uso de los medios de comunicación como el ordenador, Internet, la tele y el móvil para una revista española. ____/ 20 Pkt.
¿Necesitas ayuda? Haz primero los ejercicios a y b. Si no necesitas ayuda, haz solo el ejercicio c.

○ **a** Primero, busca argumentos a favor y en contra de los medios de comunicación. ¿Para qué los usas? ¿Por qué (no) los necesitas? ¿Qué no te gusta?

argumentos a favor	argumentos en contra

○ **b** ¿Cómo puedes presentar tus argumentos? Busca expresiones y apúntalas.

___

___

___

● **c** Escribe un texto de al menos 200 palabras y explica para qué necesitamos los medios de comunicación, qué te gusta de estos medios y qué te parece mal.

___

___

___

___

___

___

___

___

___

___

___

KLASSENARBEIT A

_____/68 Punkten

COMPRENSIÓN AUDITIVA | HÖRVERSTEHEN

12 **1** Cuatro jóvenes hablan sobre lo que significa Europa para ellos. Lee las frases. Después escucha el programa de radio y marca las frases correctas. _____/8 Pkt.

Los jóvenes hablan

1. ☐ … del euro.
2. ☐ … de las vacaciones de verano.
3. ☐ … de sus amigos.
4. ☐ … de un campamento de verano.
5. ☐ … del tiempo.
6. ☐ … de una beca Erasmus.
7. ☐ … del paisaje francés.
8. ☐ … de la comida francesa.

2 Elige la actividad **a** o **b**. _____/9 Pkt.

12 **a** Lee las frases y vuelve a escuchar el programa. Marca quién dice qué frase.

frase	Carmen	Pablo	Jaime	Laura	nadie
1. «Para mí lo más importante de Europa es que podemos viajar libremente de un país a otro.»					
2. «A mí me gusta poder pagar mis cosas en casi todo el continente con la misma moneda.»					
3. «Me siento en casa en Francia y en España.»					
4. «Me contaron que cada vez que entraban en otro país lo primero que hacían era cambiar dinero.»					
5. «Dentro de poco voy a terminar la escuela y mis amigos ya me están diciendo que participe con ellos en un campamento de verano.»					
6. «Conoceremos otras maneras de vivir y escucharemos muchas lenguas diferentes.»					
7. «La verdad es que el tema de Europa me da igual.»					
8. «Siempre les digo a mis amigos en Francia que pasen un mes con mi familia para aprender mejor el español.»					
9. «Nuestros profes nos dicen que vayamos a otros países para ver cómo vive la gente ahí.»					

12 **b** ¿A qué personas corresponden las frases? Lee y luego vuelve a escuchar el programa. ¡Ojo! Sobran dos frases.

1 **Europa significa viajar sin fronteras.** ____________

____________ 2 Europa significa enseñar el pasaporte en cada frontera.

3 **Europa significa tener el euro.** ____________

____________ 4 Europa significa dar la bienvenida a amigos.

5 **Europa significa la educación para todos.** ____________

____________ 6 *Europa significa encontrar a jóvenes de toda Europa.*

VOCABULARIO | WORTSCHATZ

3 Encuentra seis verbos nuevos en la sopa de letras. Después escribe frases con el pretérito indefinido o el pretérito imperfecto. ¡No olvides las preposiciones correctas!

____/ 6 Pkt. (12 x 0,5 Pkt.)

C	W	V	I	A	J	A	R	L
U	U	M	B	L	Y	S	W	A
I	Q	F	K	I	B	G	B	G
D	J	A	D	M	I	R	A	R
A	L	J	A	E	N	N	Y	O
R	E	C	O	N	O	C	E	R
X	D	Y	U	T	N	P	A	L
L	X	D	L	A	N	Y	F	A
E	N	T	E	R	A	R	S	E

1. ____________
2. ____________
3. ____________
4. ____________
5. ____________
6. ____________

____

____

____

____

____

GRAMÁTICA | GRAMMATIK

4 a Lucía está harta de sus padres. ¿Qué le dicen? Escribe frases con el imperativo.

___/3 Pkt. (6 x 0,5 Pkt.)

1. *poner* la mesa
¡Pon la mesa! ___

2. *hacer* los deberes
___

3. *ayudar* en casa
___

4. no *ver* la tele
___

5. *jugar* afuera en vez de jugar a vídeojuegos
___

6. *hacer* las compras
___

7. *ir* a ver a la abuela
___

b Por la tarde, Lucía llama a una amiga. ¿Qué le cuenta? Pasa las frases del ejercicio a al estilo indirecto.

___/6 Pkt.

me dicen que | quieren que | escriben que

1. Quieren que ponga la mesa. ___
2. ___
3. ___
4. ___
5. ___
6. ___
7. ___

5 Elige la actividad **a** o **b**.

___/ 6 Pkt.
(12 x 0,5 Pkt.)

○ **a** Pablo quiere ir al cine para ver una peli nueva pero sus amigos no pueden acompañarlo. ¿Qué le dijeron? Pasa las frases al estilo directo.

1. María le comentó que había hablado con Jorge y que iba a salir con él.

   María: «He hablado con Jorge y ____________»

2. Alex dijo que tenía que ir al médico y que por eso no tenía tiempo.

   Alex: «____________»

3. Leo le dijo que ya había visto la película y que no le había gustado mucho.

   Leo: «____________»

4. Laura le explicó que tenía poco tiempo porque tenía que estudiar para el examen.

   Laura: «____________»

5. Julia le preguntó si a él le gustaba el actor y dijo que no iba porque a ella no le gustaba el actor de esa película.

   Julia: «____________»

6. Jorge le explicó que la próxima semana iba a quedar con su mejor amigo para ir al cine. Preguntó si quería ir con ellos.

   Jorge: «____________»

● **b** Ayer Fernando dejó su móvil en casa de su amigo Miguel. Lo llama para saber qué le escribieron sus amigos. Lee los mensajes y apunta lo que dice Miguel.

1

Miguel: Sergio te preguntó dónde estabas y si no habíais quedado a las tres. Escribió también que te esperaba en la plaza.

2

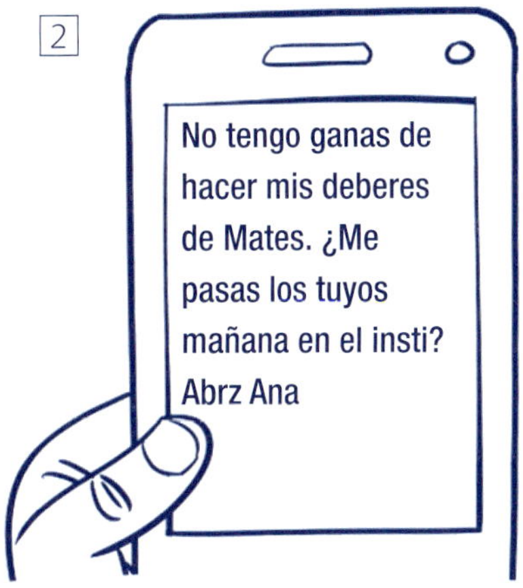

Miguel: ____________

____

____

3

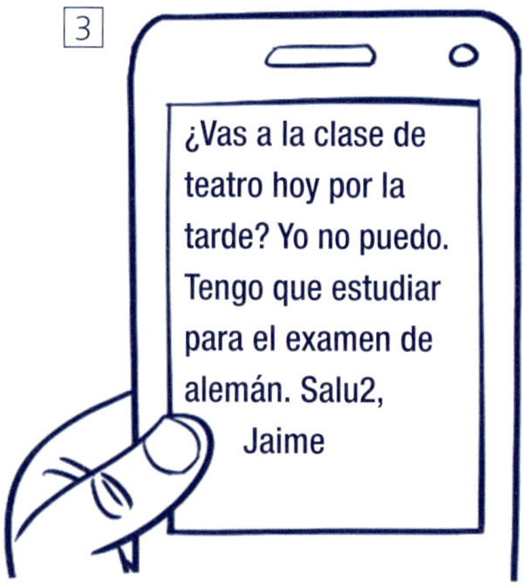

Miguel: ______________________________

____

____

4

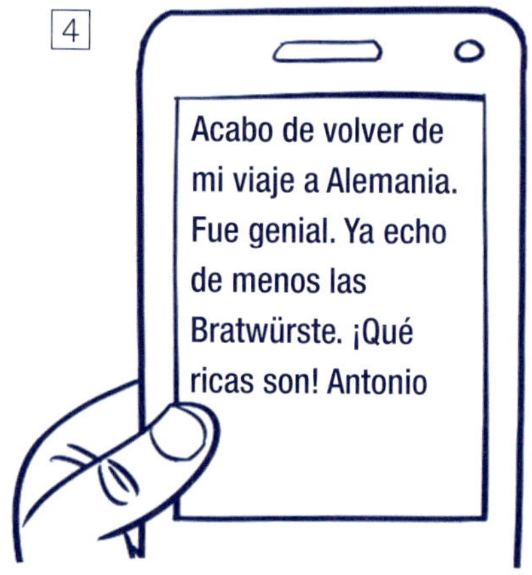

Miguel: ______________________________

____

____

5

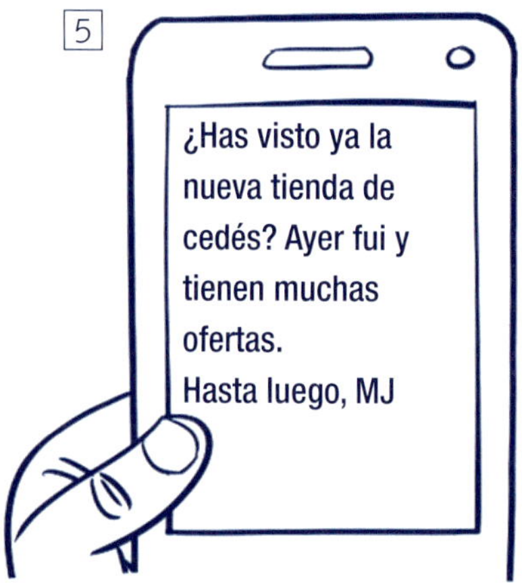

Miguel: ______________________________

____

____

MEDIACIÓN | SPRACHMITTLUNG

6 José pasó medio año como alumno de intercambio en tu instituto. Al final de su estancia una chica de la revista española «Europa para ti» lo entrevistó. Quieres escribir un breve artículo sobre la entrevista para vuestro periódico escolar. Lee la entrevista y resume el contenido en alemán. Ten en cuenta las siguientes preguntas: ____/10 Pkt.

1. Was hat José an Hamburg gefallen?
2. Was hat er in Hamburg gemacht?
3. Was tun seine Freunde in Hamburg?
4. Was hat er an seinem letzten Tag gemacht?

PAULA: Hola, José. ¿Qué tal?

JOSÉ: La verdad es que muy bien. Aquí en Hamburgo me siento como en casa. Toda la ciudad, la gente, la comida, la cultura, ... todo me encanta. Hamburgo es una ciudad fascinante.

PAULA: ¡Qué bien! Cuéntanos por qué.

JOSÉ: Pues, antes de llegar no sabía nada de Hamburgo. No sabía que estaba en el norte de Alemania y que había un mercado de pescado muy famoso. Tampoco sabía que era una ciudad tan viva y tan internacional. ¡Nunca antes había hablado y quedado con tanta gente simpática y abierta de tantos países diferentes en solo una semana! En estos últimos meses he quedado con gente de Francia, Noruega, Suiza y – claro – también de España.

PAULA: ¿Por qué decidiste ir a Hamburgo? No solo has ido al instituto aquí, también has participado en un curso de idiomas[1], ¿verdad?

JOSÉ: Decidí participar en un curso de idiomas para aprender mejor alemán y así después poder estudiar alemán en la universidad de Madrid.

PAULA: ¿Sabes hablar alemán ahora?

JOSÉ: Bueno, mi nivel[2] de alemán basta para pedir un café en una cafetería, leer algunos artículos[3] en el periódico y hablar con mis amigos.

PAULA: Cuéntanos, ¿qué hacen tus amigos aquí en Hamburgo?

JOSÉ: Uff. Hacen muchas cosas diferentes. Algunos estudian en la universidad. Otros trabajan en restaurantes o bares o también van a una escuela de idiomas.

PAULA: Como me has dicho antes, hoy es tu último día en Alemania. ¿Cómo te sientes?

JOSÉ: Sí, es verdad. Estoy un poco triste.

PAULA: Así pues, ¿qué vas a hacer hoy?

JOSÉ: Primero tengo que hacer la maleta[4]. Después quiero ir a una exposición sobre la historia de la Unión Europea. Me la recomendaron algunos de mis amigos. Por la noche vamos a salir a un bar español de un actor que me encanta. Allí hay siempre mucha gente de Alemania, España y otros países europeos. A veces está incluso[5] él – un chico muy simpático. Estos son los planes para mi última noche – ya veremos.

PAULA: Bueno, muchas gracias José y que te lo pases bien.

JOSÉ: Gracias.

1 el curso de idiomas *der Sprachkurs*
2 el nivel *das Niveau*
3 el artículo *der Artikel*
4 la maleta *der Koffer*
5 incluso *sogar*

EXPRESIÓN ESCRITA | TEXTPRODUKTION

7 Acabas de escuchar el programa sobre Europa con los cuatro jóvenes en la radio (ejercicio 1) y quieres participar en el concurso para ganar un viaje a Madrid. Escribe un e-mail (al menos 200 palabras) sobre el tema «¿Qué significa Europa para mí?».

____/ 20 Pkt.

¡No olvides escribir lo que piensan tus amigos sobre el tema!

Para:

Asunto:

KLASSENARBEIT B

____/ 60,5 Punkten

COMPRENSIÓN LECTORA | LESEVERSTEHEN

LOS JÓVENES Y EUROPA

Hace pocos días la revista «¡Anímate!» presentó los resultados de una encuesta muy interesante sobre Europa. Entrevistaron a jóvenes alemanes y españoles de entre 15 y 18 años y estos son algunos de los resultados más interesantes.

Primero preguntaron a los jóvenes de los dos países qué asociaban[1] con la palabra «Europa». Tanto los españoles como los alemanes contestaron que en primer lugar para ellos «Europa» era la política y que en segundo y tercer lugar estaban el euro y la cultura. Lo que menos asociaban con la palabra era la geografía, es decir la importancia[2] de Europa como continente[3].

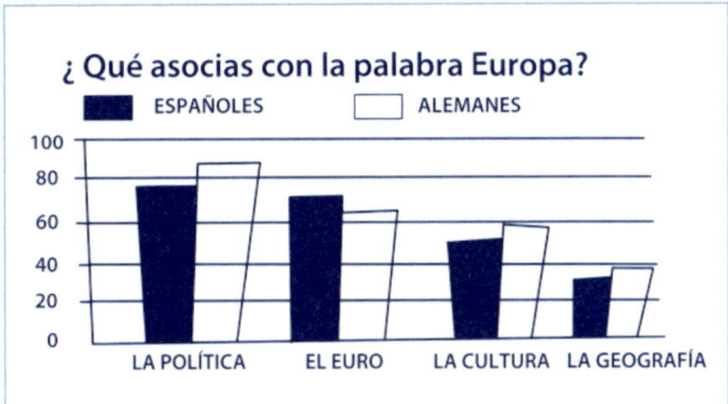

Según la encuesta, la mayoría de los españoles dijo que había visitado ya dos países diferentes mientras que los alemanes contestaron que habían visitado ya siete. Esta respuesta no es una gran sorpresa porque muchas familias españolas tienen una casa cerca de la playa donde pasan todas las vacaciones mientras que los alemanes muchas veces pasan sus vacaciones fuera de su propio país para disfrutar[4] del sol, de la playa y de la cocina mediterránea[5].

Otra pregunta era si a los jóvenes les gustaría pasar un tiempo en otro país europeo para trabajar ahí. Según la encuesta, a un 36 % de los jóvenes españoles les gustaría hacerlo, sobre todo les gustaría ir a Alemania, Inglaterra o Francia. Casi el mismo número de los jóvenes alemanes, un 34 %, dijo lo mismo. Pero solo a un 20 % de los alemanes les gustaría pasar un tiempo ilimitado[6] fuera de su propio país, mientras que en España son 12 % más, es decir, un 32 %. Solo uno de cada tres españoles dijo que no podía imaginarse trabajar en otro país y casi la mitad de los alemanes no quiere trabajar en otro país. Esta respuesta no sorprende porque la situación[7] económica actual en España es mucho peor que en Alemania.

Estas son las respuestas de dos jóvenes de Madrid:

Marisol: Acabo de presentarme en un hospital de Berlín. Voy a empezar el uno de junio. Después de estudiar en la Universidad de Madrid trabajé en un hospital en Barcelona. El trabajo me gustaba pero no me pagaban bien. Por eso en mi tiempo libre empecé a estudiar alemán para poder buscar trabajo en Alemania. Todavía no sé si la vida alemana me va a gustar o si volveré a mi propio país algún día. Tampoco sé si echaré de menos España en Alemania. Ya veremos… De momento siento mucha curiosidad[8] y me encanta la idea de ir a Berlín.

Daniel: La idea de Europa me encanta. Para mí, lo más importante de Europa son las culturas. Mi madre es española, mi padre es francés y yo nací en Alemania. Cuando era joven vivimos en Francia. De momento vivimos en Madrid. Dentro de un mes vamos a ir a Irlanda donde mi padre ha encontrado un nuevo trabajo. En mi casa somos de diferentes países pero todos somos europeos.

1 asociar *asoziieren, verbinden*
2 la importancia *die Bedeutung*
3 el continente *der Kontinent*
4 disfrutar *genießen*
5 mediterráneo/-a *mediterran*
6 ilimitado/-a *unbegrenzt*
7 la situación *die Situation*
8 sentir curiosidad *gespannt sein*

1 Apunta las líneas correctas. ¿Dónde encuentras en el texto información sobre… ____/6 Pkt.

1. … la familia del joven español? ____________________
2. … el número de jóvenes alemanes que quieren vivir un tiempo en otro país europeo? ____________________
3. … el Euro? ____________________
4. … dónde pasan sus vacaciones los españoles? ____________________
5. … el número de países visitados por los españoles? ____________________
6. … sobre el nuevo trabajo de la chica española? ____________________

2 Elige la actividad **a** o **b**. ____/6 Pkt.

○ **a** ¿Qué título pertenece a qué párrafo? Relaciónalos.

- 1 VIAJAR POR EUROPA ☐
- 2 ¿Irme a otro país? ☐
- 3 Una encuesta sobre Europa ☐
- 4 Un joven europeo ☐
- 5 El futuro en Alemania ☐
- 6 La palabra «Europa» ☐

- a Párrafo 1 (l. 1–5)
- b Párrafo 2 (l. 6–12)
- c Párrafo 3 (l. 13–21)
- d Párrafo 4 (l. 22–35)
- e Párrafo 5 (l. 37–47)
- f Párrafo 6 (l. 48–55)

● **b** Busca para cada párrafo un título.

Párrafo 1 (l. 1–5): ____

Párrafo 2 (l. 6–12): ____

Párrafo 3 (l. 13–21): ____

Párrafo 4 (l. 22–35): ____

Párrafo 5 (l. 37–47): ____

Párrafo 6 (l. 48–55): ____

VOCABULARIO | WORTSCHATZ

3 Completa el crucigrama con el vocabulario nuevo.

____/ 4,5 Pkt. (0,5 x 9 Pkt.)

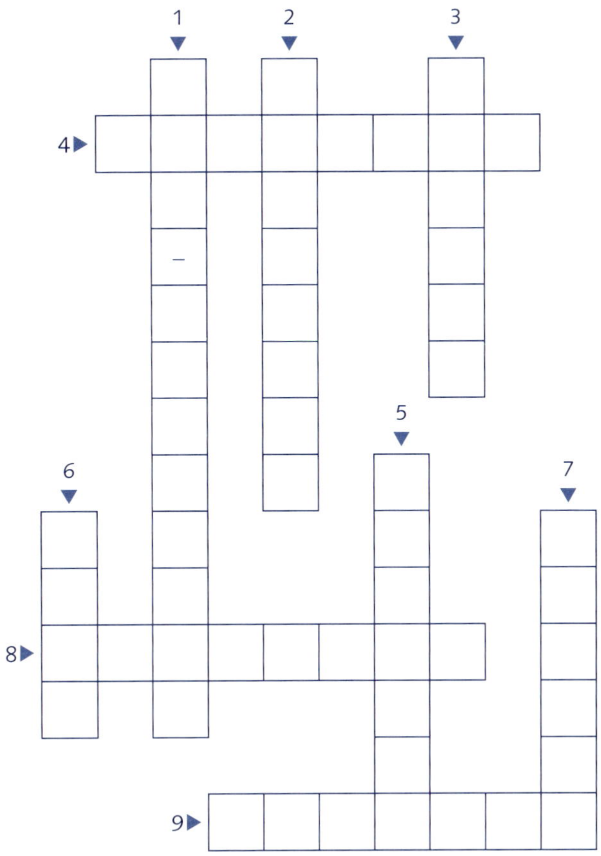

1. = Claro.
2. Siempre hay gente que [?] a este actor.
3. Tengo [?] libros sobre la historia de España.
4. = explicar
5. Me encanta el [?] con chocolate.
6. ≠ interrumpir
7. = la lengua
8. = probar
9. = la tierra

4 ¿Qué hacen las siguientes personas? Explica las profesiones con otras palabras como en el ejemplo.

____/ 6 Pkt.

Ejemplo:

1. el/la guía: Es una persona que lleva a los turistas por la ciudad.
2. el/la camarero/-a: ____________________
3. el/la profesor/a: ____________________
4. el/la moderador/a: ____________________
5. el/la vendedor/a: ____________________
6. el/la músico/-a: ____________________
7. el/la doctor/a / el/la médico/-a: ____________________

GRAMÁTICA | GRAMMATIK

5 La clase de Antonio entrevistó a Fernando Alonso. La madre de Antonio quiere saber qué le preguntaron. Pasa las preguntas al estilo indirecto en el pasado. ____/ 8 Pkt.

6. ¿Cuántos años tenías cuando ganaste tu primer título?

7. ¿Dónde pasaste tus últimas vacaciones?

4. ¿Te gusta ser famoso?

3. ¿Cuántas lenguas hablas?

1. ¿Cómo estás?

5. ¿Cuándo eras niño te gustaba jugar con coches?

2. ¿Dónde naciste?

8. ¿Qué has hecho antes de la entrevista y qué vas a hacer después?

preguntamos queríamos saber	si cuándo dónde cómo cuántos/-as qué

1. ____________________
2. ____________________
3. ____________________
4. ____________________
5. ____________________
6. ____________________
7. ____________________
8. ____________________

MEDIACIÓN | SPRACHMITTLUNG

13 **6** **Jorge está pasando sus vacaciones de verano en tu casa. Una tarde estáis escuchando la radio. Jorge ha entendido poco y por eso te hace algunas preguntas. Escucha el programa de radio y contesta las preguntas.** ____/10 Pkt.

1. ¿Cómo se llama la película en alemán? Es algo con «Barcelona». ____________________

____

____________________ 2. ¿Dónde y cuándo la ponen?

____

3. ¿El estudiante francés comparte el piso con jóvenes de España? ____________________

____

____________________ 4. ¿Es verdad que a la chica la película no le ha gustado mucho?

____

5. ¿El chico que habla al final ha dicho que mientras estaba en Barcelona trabajaba en un bar de tapas, verdad? ____________________

____

EXPRESIÓN ESCRITA | TEXTPRODUKTION

7 **Estás de intercambio en España y en tu clase tenéis un alumno nuevo de México que te parece muy simpático. Al día siguiente la madre de tu intercambio y tu habláis sobre este chico. Escribe el diálogo en tu cuaderno.** ____/20 Pkt.

1. Deine Gastmutter begrüßt dich und fragt, wie es in der Schule gewesen ist.
2. Du sagst, dass es gut war und ihr einen neuen Schüler in der Klasse habt, der aus Mexiko kommt.
3. Deine Gastmutter will wissen, wie er heißt, woher genau er kommt und warum er nach Spanien gezogen ist.
4. Du erzählst, dass er Juan heißt, aus Mérida kommt und euch erzählte, dass sein Vater einen Job als Arzt im Krankenhaus gefunden habe.
5. Deine Gastmutter will wissen, was du und deine Klassenkameraden ihn sonst noch gefragt habt.
6. Du sagst, dass ihr ihm viele Fragen gestellt habt. Ihr habt gefragt (*indefinido* benutzen!), ob er zum ersten Mal in Spanien sei, ob er Geschwister habe, ob er gerne Sport treibe und welches sein Lieblingsfach sei.
7. Deine Gastmutter fragt, was er denn auf die Fragen geantwortet hätte.
8. Du antwortest, dass er meinte, bereits einmal vor drei Jahren in Madrid gewesen zu sein, dass er zwei ältere Brüder habe, er gerne Fußball spiele und sein Lieblingsfach in Mexiko Englisch gewesen sei.
9. Deine Gastmutter meint, dass du ihn ja mal einladen könntest und sie etwas Leckeres kochen könnte.
10. Du sagst, dass das eine gute Idee sei und du Juan gleich morgen fragen wirst, ob er vorbeikommen möchte.

MÜNDLICHE PRÜFUNG 2

A Presenta a tu compañero/-a.
B ¿Cómo ves tu futuro en diez años? ¿Con qué sueñas?
C Piensa en tu película favorita y cuenta de qué trata.

____/30 Punkten

MONÓLOGO | MONOLOG

____/10 Pkt.

1 Elige la tarjeta A o B.

A (monólogo de 1–2 minutos)

Estás en el aeropuerto de Barajas donde estás esperando a tu tía. Un turista quiere saber el camino a la Estación de Chamartín. Explícale las dos posibilidades que tiene para llegar.

Schreibe zunächst alle Redewendungen auf, die dir zur Wegbeschreibung mit der U-Bahn einfallen.

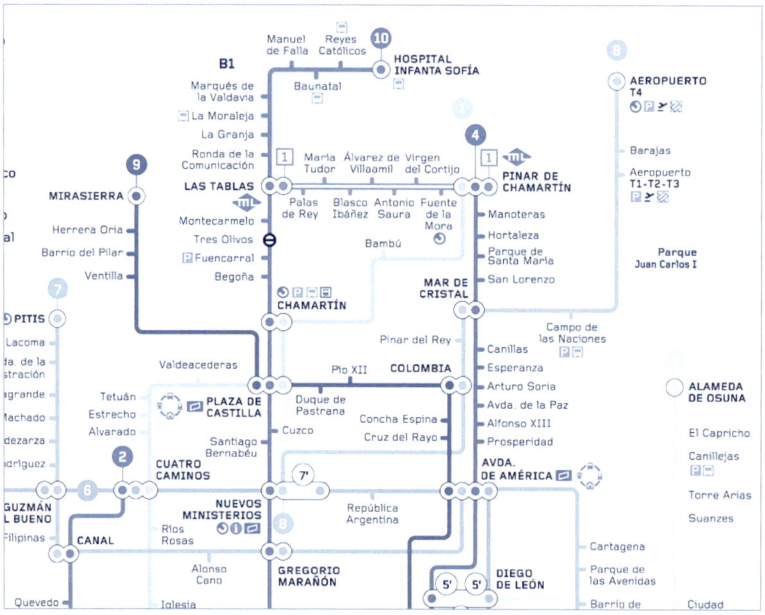

B (monólogo de 2–3 minutos)

En las vacaciones de verano un amigo mexicano está de visita. En tú habitación ve esta postal. Quiere saber más sobre los monumentos. Explícale lo que sabes sobre ellos.

DIÁLOGO | DIALOG

____/20 Pkt.

2 Navidad está acercándose. Por eso, tus padres te preguntan lo que quieres para Navidad. En vuestra familia hasta ahora tenéis solo un ordenador y una televisión bastante vieja, sin DVD. Quieres que tus padres te regalen un ordenador solo para ti o que compren una nueva televisión. Ya sabes que no están de acuerdo.

a Busca argumentos a favor. Después ordénalos: ¿cuáles son los más fuertes / los más débiles? Imagina también los posibles argumentos de tus padres en contra de regalarte un ordenador / comprar una televisión.

argumentos a favor	argumentos en contra

14 **b** Escucha y reacciona a los argumentos de tus padres. Trata de llegar a un compromiso.

Präge dir zur Vorbereitung auch einige Redemittel für das dialogische Sprechen ein (siehe S. 88).

ANEXO

PUNKTETABELLE ZUR ERMITTLUNG DER NOTEN

Diese Tabelle soll dir bei der Bewertung deiner Übungsklassenarbeiten und der mündlichen Prüfungen helfen.

Beachte! Dein Lehrer oder deine Lehrerin legt möglicherweise einen anderen Bewertungsmaßstab zugrunde.

Note	1	2	3	4	5	6
Unidad 1						
Klassenarbeit A	69,5–63,5	63–49,5	49–35,5	35–22	21,5–8	7,5–0
Klassenarbeit B	78,5–71,5	71–56	55,5–40	39,5–24,5	24–9	8,5–0
Unidad 2						
Klassenarbeit A	59–54	53,5–42	41,5–30,5	30–18,5	18–6,5	6–0
Klassenarbeit B	56,5–51,5	51–40	39,5–29	28,5–17,5	17–6,5	6–0
Unidad 3						
Klassenarbeit A	78–71	70,5–55,5	55–40	39,5–24,5	24–9	8,5–0
Klassenarbeit B	68–62	61,5–48,5	48–35	34,5–21,5	21–7,5	7–0
Mündliche Prüfung 1						
Monolog + Dialog	30–27,5	27–21,5	21–15,5	15–9,5	9–3,5	3–0
Unidad 4						
Klassenarbeit A	82–75	74,5–58,5	58–42	41,5–25,5	25–9,5	9–0
Klassenarbeit B	77–70,5	70–55	54,5–39,5	39–24	23,5–8,5	8–0
Unidad 5						
Klassenarbeit A	74,5–68	67,5–53	52,5–38	37,5–23	22,5–8,5	8–0
Klassenarbeit B	78,5–71,5	71–56	55,5–40	39,5–24,5	24–9	8,5–0
Unidad 6						
Klassenarbeit A	68–62	61,5–48,5	48–35	34,5–21,5	21–7,5	7–0
Klassenarbeit B	60,5–55,5	55–43,5	43–31,5	31–19	18,5–7	6,5–0
Mündliche Prüfung 2						
Monolog + Dialog	30–27,5	27–21,5	21–15,5	15–9,5	9–3,5	3–0

WIE KANNST DU KÜNFTIG FEHLER VERMEIDEN?

Damit du Fehler, die dir in den Übungsklassenarbeiten unterlaufen sind, in deiner Klassenarbeit nicht wiederholst, ist es wichtig, dass du sie verbesserst und den Stoff wiederholst. Du kannst deine Ergebnisse auch deinem Lehrer oder deiner Lehrerin zeigen und ihn oder sie nach weiteren Tipps und Übungsmöglichkeiten fragen.

COMPRENSIÓN LECTORA | LESEVERSTEHEN

Gleiche nochmals den Text mit den Aufgaben ab. Suche dabei gezielt die Textstelle, die die gesuchte Information enthält. Du kannst dir wichtige Wörter oder Sätze auch mit unterschiedlichen Farben markieren. Weitere Tipps findest du im ▶ SCHÜLERBUCH auf S. 159.

COMPRENSIÓN AUDITIVA | HÖRVERSTEHEN

Folgende Hinweise können dir helfen, dein Hörverstehen zu verbessern:

- Lies vor dem ersten Hören die Aufgaben, die du zu dem Hörtext bearbeiten sollst.
- Wenn die Aufgabenstellung bereits die Situation beschreibt, überlege dir auf Deutsch, worum es in einer solchen Situation gehen könnte oder was die Personen sagen könnten (z. B. in einem Gespräch zwischen Kellner und Cafégast).
- Achte beim ersten Hören darauf, wie viele und welche Personen sprechen und wo sie sich befinden. Du brauchst noch nicht alle Einzelheiten zu verstehen. Auch der Klang der Stimmen und die Geräusche können dir wichtige Hinweise auf den Inhalt geben.
- Höre den Text mehrmals und mache dir Notizen. Du wirst merken: Bei jedem Hören verstehst du mehr.
- Überlege dir, welche Strategien zum Hörverstehen du aus dem Englisch- oder Französischunterricht bereits kennst und wende diese auf das Spanische an. Weitere Tipps findest du im ▶ SCHÜLERBUCH auf S. 158.

VOCABULARIO | WORTSCHATZ

Wiederhole den Wortschatz, indem du dir z. B. Vokabelkarten oder Wörternetze zu bestimmten Themen (z. B. dein Zimmer) anlegst. Du kannst die Vokabeln auch mithilfe eines Computerprogramms lernen. Weitere Tipps findest du im ▶ SCHÜLERBUCH auf S. 154/4.

GRAMÁTICA | GRAMMATIK

Wenn du noch Probleme bei manchen Grammatikaufgaben hast, wiederhole mithilfe der *Resumen*-Seiten im Schülerbuch und mithilfe des Grammatikhefts die Regeln. Bearbeite (nochmals) die Aufgaben zum *Autocontrol* im *Cuaderno de actividades*. Die Kommentare der Lösungen geben dir Hinweise, wie und mit welchen Übungen du den jeweiligen Stoff wiederholen kannst. Lies dir auch noch einmal die Tipps im ▶ SCHÜLERBUCH auf S. 155/5 durch.

MEDIACIÓN | SPRACHMITTLUNG

Beachte genau die Aufgabenstellung. Überlege dir, welche Informationen für deinen Gesprächspartner von Bedeutung sind. Gebe diese Informationen sinngemäß wieder. Es kann sein, dass dein Gesprächspartner vielleicht noch eine zusätzliche kurze Erklärung benötigt, wenn er sich z. B. mit den spanischen oder deutschen Gewohnheiten nicht auskennt. Im ▶ SCHÜLERBUCH findest du auf S. 170 noch weitere Tipps.

EXPRESIÓN ESCRITA | TEXTPRODUKTION

Arbeite beim Verfassen eigener Texte regelmäßig mit der Fehlersuchliste (S. 84–85). Tauscht in der Klasse selbst geschriebene Texte untereinander aus und korrigiert euch gegenseitig. So werdet ihr zu Spezialisten bei der Fehlersuche und findet eure eigenen Fehler künftig zuverlässiger.

AUF FEHLERJAGD: KORRIGIERE DEINE FEHLER SELBST!

Lies einen Text nach dem Schreiben mehrmals durch. Achte bei jedem Durchlesen nur auf eine bestimmte Fehlerquelle. So findest du mehr Fehler und kannst sie vermeiden! Wenn du eine Fehlerquelle nicht verstehst, kannst du das grammatische Thema auf den jeweiligen Seiten im Schülerbuch nachsehen.

Hast du auf die spanische Rechtschreibung geachtet?
▶ SCHÜLERBUCH, S. 181–182

inter**es**ante
llamar
¿c**u**ándo?
¿qui**é**nes?

Stimmen die Artikel und Begleiter mit dem Substantiv überein? Dafür musst du wissen, ob das Substantiv männlich oder weiblich ist. Steht es im Plural?

el grup**o**
la tele
los problem**as**
tant**os** deber**es**
algun**as** frut**as**
est**as** pelis
en aquell**os** añ**os**
nuestr**as** habitacion**es**

Ist das Adjektiv an das Substantiv angeglichen?

el víde**o** divertid**o**
mi mochil**a** favorit**a**
Las amig**as** de mi prima son muy divertid**as**.
Mis herman**os** son aburrid**os**.

Stimmt die Verbform mit dem Subjekt überein? Sind die unregelmäßigen Verben richtig konjugiert? ▶ SCHÜLERBUCH, S. 190–191

El alumno habl**a** español.
Los alumnos habl**an** español.
ser: [yo] soy, [tú] eres, [él] es, [nosotros] somos, [vosotros] sois, [ellos] son
estar: [yo] estoy, [tú] estás, [él] está, [nosotros] estamos, [vosotros] estáis, [ellos] están
tener: [yo] tengo, [tú] tienes, [él] tiene, [nosotros] tenemos, [vosotros] tenéis, [ellos] tienen
hacer: [yo] hago, [tú] haces, [él] hace, [nosotros] hacemos, [vosotros] hacéis, [ellos] hacen
ir: [yo] voy, [tú] vas, [él] va, [nosotros] vamos, [vosotros] vais, [ellos] van

Hast du an die Verschmelzung von Präposition und Artikel gedacht?

Es el libro **del** profe.
Voy **al** cine.

Überprüfe, ob du *ser*, *estar* und *hay* richtig verwendet hast. ▶ SCHÜLERBUCH, S. 60

José **es** estudiante. **Es** de Vigo.
Este señor **es** muy rico.
Adrián **está** en Madrid.
Ana hoy **está** enferma.
Esta quesadilla **está** mala.
En su piso **hay** dos habitaciones.

Hast du an die richtige Stellung der Adjektive gedacht?

un jersey **verde**
una **buena** idea

Hast du an die Verkürzung mancher Adjektive vor Substantiven gedacht?

un **buen** ejemplo
un **mal** día
el **tercer** piso

Ist die Wortstellung im Satz richtig?

No hablo alemán.
Laura dice que su madre **se mete** en todo.
No la veo.
¿**Por qué** Ana no quiere salir?
¿**A quien le** doy el libro?

Werden die Objekte durch die richtigen Objektpronomen ersetzt?

¿Conoces a **Sandra**? –Sí, **la** conozco. **Le** gusta bailar.
¿Has visto a Diego y Laura? –Sí, **las** vi ayer.
¿Le das **el libro** a **Pedro**? – Sí, ahora **se lo** doy.

Hast du die richtige Vergangenheitsform verwendet?
▶ SCHÜLERBUCH, S. 24, S. 80, S. 99, S. 116–117

¿Qué **has hecho** esta semana?
Ayer **fuimos** al teatro.
En aquellos años **había** muy pocos turistas.
Cuando llegué a casa, mis padres ya **habían comido**.

Hast du die Possessivpronomen richtig verwendet?

Este libr**o**, ¿es **tuyo**?
No conozco a ninguna amig**a** **tuya**.

Hast du feststehende Wendungen richtig verwendet? ▶ SCHÜLERBUCH, S. 60

Esta cadena es **para** ti.
Gracias **por** el regalo.

Hast du den *subjuntivo* richtig verwendet?
▶ SCHÜLERBUCH, S. 42–43, S. 61, S. 98, S. 116

Mis padres quieren que **practique** más deporte.
Me gusta que **vengas** a mi fiesta.
No creo que Hugo me **llame**.
Te lo digo para que lo **hagas**.
Mientras **haya** alumnos, también habrá profesores.
Ana dice que la **llames**.
¡Ojalá te **vuelva** a ver!

WIE BEREITE ICH MICH AUF DIE MÜNDLICHE PRÜFUNG VOR?

- ☐ Ich kümmere mich baldmöglichst um einen oder mehrere Gesprächspartner für den interaktiven Teil der Prüfung (die Partner- oder Gruppenprüfung).
- ☐ Ich vergewissere mich, dass ich die Lerninhalte der mündlichen Prüfung genau notiert habe (Aushang im Klassenzimmer!).
- ☐ Ich wiederhole und vertiefe alle Redemittel zum monologischen und dialogischen Sprechen in diesem Heft auf S. 88, in meinem Vokabelheft und im Vokabelverzeichnis meines ▶ SCHÜLERBUCHS auf S. 161–164.
- ☐ Ich notiere alle Übungen, die wir zu Hause und im Unterricht zum mündlichen Sprachgebrauch gemacht haben und wiederhole diese.
- ☐ Hat unsere Lehrerin / unser Lehrer spezielle Hefteinträge zur mündlichen Prüfung erstellen lassen oder Kopiervorlagen verteilt? Wenn ja, sind diese natürlich wichtiger Bestandteil meiner Prüfungsvorbereitung.
- ☐ Übungen zum monologischen Teil (etwa: Bildbeschreibung, siehe auch S. 87) kann ich zu Hause gut vorbereiten (Bilder aussuchen – Notizen dazu machen – mir selbst oder einem Freund / einer Freundin vortragen). Zeit im Auge behalten! Hilfreich können dabei auch eine Aufnahme und ein erneutes Anhören sein.
- ☐ Für den interaktiven Teil bespreche ich mit meinem Partner, welche Situationen und Gespräche auf Grund der geprüften Themen denkbar wären (Aushang im Klassenzimmer).
- ☐ Für die so erfassten „Schwerpunkte“ wiederhole ich nochmals gewissenhaft den Themenwortschatz und die relevanten Grammatikinhalte.
- ☐ Ich treffe mich regelmäßig mit meinem Gesprächspartner und wir trainieren unsere Gespräche.
- ☐ Wir bereiten gemeinsam einen sinnvollen möglichen „Einstieg“ und „Ausstieg“ (Beginn und Ende einer Diskussion) vor.
- ☐ Wir trainieren gegenseitige „Hilfestellungen“, Augenkontakt und gegenseitige Rücksichtnahme im Gespräch.

Während der Prüfung konzentriere ich mich auf:

1. das Erfüllen der Aufgabe.
2. meine Argumente und die Interaktion mit meiner/meinem Partner/in.
3. die sprachliche Richtigkeit (Grammatik, Redemittel).
4. die Aussprache.

WIE BESCHREIBE ICH EIN BILD?

• Um welche Art von bildlicher Darstellung handelt es sich?	Este/-a es … Aquí vemos …	una foto / un cuadro / un dibujo / un folleto / un collage / …
• Was ist das Thema des Bildes?	El cuadro La foto El dibujo	muestra/presenta…
• Ich beschreibe zunächst die auffälligsten Elemente (meist im Vordergrund) und dann die weiteren Teile (Hintergrund).	En el centro Adelante En el primer plano	hay / está / podemos ver…
	Al fondo Atrás	hay / está / podemos ver…
• Ich beschreibe das Aussehen von Personen auf dem Bild und ihre Handlungen (*estar* + *gerundio*).	El chico La señora | es	joven / mayor / alto/-a / bajo/-a / rubio/-a / de pelo castaño/negro / delgado/-a / gordo/-a / guapo/-a / …
	Parece/Es	amable / simpático/-a / alegre / tranquilo/-a / inteligente / serio/-a / feliz / …
	Está/n + *gerundio*	
• Ich interpretiere das Bild: Was soll mit dem Bild ausgedrückt werden? Wie wirkt es?	El fotógrafo El artista	quiere demostrar… quiere llamar la atención sobre…
• Was ist meine Meinung über das Bild? Gefällt es mir? Warum (nicht)?	Me parece	bonito/-a / feo/-a / interesante / genial porque…
	(No) me gusta porque…	

REDEMITTEL FÜR DAS DIALOGISCHE SPRECHEN

seine Meinung äußern
Yo pienso/creo/opino que…
No pienso/creo que + *subj.* …
Me parece que…
Para mí…
Estoy seguro/-a que…
No entiendo por qué…
Lo bueno/malo es que…
Lo más importante es (que)…
Sobre todo hay que ver (que)…

nachfragen
¿Qué quieres decir con…?
¿Qué significa para ti…?
¿Piensas que…?
¿Cómo dices?
Perdona, ¿puedes repetir lo que has dicho?
¿Puedes hablar más alto/despacio, por favor?
No entiendo la pregunta / la palabra / la frase.
A ver si lo entiendo bien: …

erklären
¿Cómo me explico?
A ver, si me entiendes: …
Por ejemplo, …
Tomemos el ejemplo de…

nach der Meinung des anderen fragen
¿Qué piensas tú?
¿Cómo ves tú…?
¿O no es así?
¿Me entiendes?
¿Sabes?

zustimmen
Estoy de acuerdo con (que)…
Sí, te entiendo.
Es verdad.
¡Por supuesto!
¡Desde luego!
¡Claro que sí!
Es una buena idea.

den anderen unterbrechen
Perdona que te interrumpa, pero…
Espera un momento…

ablehnen
Perdona, pero esto no lo veo así.
No veo las cosas como tú.
No estoy de acuerdo contigo.
Creo que no es así.
No pienso/creo que + *subj.* …
No entiendo por qué…
No es verdad.
Es verdad que… pero…
¡De ninguna manera!
¡Claro que no!
¡Qué va!
¿Qué dices?

pro und contra
Es verdad que… pero…
Sí, pero…
Puede ser, pero…
A ver, sí, entiendo lo que quieres decir, pero…
Sí, pero no debes olvidar que…

Überraschung ausdrücken
¡Anda! / ¡Vaya! / ¡No me digas!
¡Fíjate! / ¡Venga!
A ver, ¡cuéntame!
¿De verdad?

etwas vorschlagen
¿Por qué no…?
¿Qué te parece si…?

Gleichgültigkeit ausdrücken
Me da lo mismo.
Me da igual.
No me importa.